絵で見てわかる「しぐさ」で子どもの心がわかる本

渡辺弥生
Watanabe Yayoi

PHP

まえがき

子どもを楽しく育てていますか？ ――「親になる」ということ

この本を手に取られたということは、子育てに少し心配や不安な気持ちをお持ちなのかもしれません。しかし、それは私の深読みのしすぎで、実際は、子育てがおもしろくて、さらに子育てについて知識を得たい、という方々かもしれません。

この本は、どちらの方にも満足していただけるよう、子どもの心の発達について、幅広く、しかも専門性の高い内容に関して、イラストを交えてわかりやすくまとめています。大きな目標は、子育てが楽しくなり、「親になってよかった」と思う日々を重ねていただくことです。

社会的にも、生物学的にも、子どもを授かったときから「親」ということになります。しかし、いきなり子どもを授かったことを知ったときは、うれしさだけではないかもしれません。子どもをうまく育てていけるだろうか？　子どもについて何も知らないのに、やっていけるのか？　家事や仕事など両立していけるのか？　など、大きな不安がよぎることでしょう。

現代は、文化や価値観の変化も大きく、身近に子育てをしている人を見る機会も限られています。おじいちゃんやおばあちゃん、さらには両親の子育ての仕方は、考え方や生活習慣が変化している現代には不向きに思え、良いお手本になるのかしらと訝しくなると思います。

ですが、安心してください。誰もが、最初は素人の親です。試行錯誤は当たり前です。どんなことを学ぶにも、経験の中で身についていくものです。なんとかなるさ、きっと大丈夫、と思いましょう。ただし、「親になる」ために、子どもの発達について、知識とコツを頭に入れていきましょう。

最初の登山をするにも、まったく山の知識なしに登るのは無謀です。子どもの発達や関わり方について知っておくと、子育てという初登山の経験が、まったく様子の違ったものになるでしょう。景色を見て楽しむ余裕のある登山になるように、ちょっとワクワクするような、楽しい子育てをイメージしながら、親になるプロセスを経験していきましょう。

「キーワード」で子どもの心を知る

人間の受精から死に至るまでの生涯を対象にした、心の発達を研究しているのが、発達心理学です。この本では、生まれてから思春期頃までの、おおよそ13年間を対象にして、知っておきたい子どもたちの発達の特徴を「キーワード」で説明しています。この時期は、人生の中盤以降にとっても大事な時期です。

子どもたちが持っている個性や才能を開発し、今後降りかかるかもしれない問題や危機を予防するために、免疫力を育んでおきましょう。しなやかさややさしさ、粘り強さ、回復力、学ぶ楽しみ、人と関わる力を備える時期です。

この期間は、お父さんやお母さんが、親になることを味わう醍醐味を知ることができる素晴らしい過程でもあります。

あまりにもたくさんのことを頭に入れるのは、コスト感があると思いますが、まずはPART1の17のキーワードを念頭に置いておくと、「そうなんだ」「なるほど」「人ってすごい」といった体験を重ねることができると思います。

「しぐさ」で子どもの心を知る

子どもといっても、親とは違う存在です。ましてや乳幼児期は、自分のことを親にわかってもらうように伝える充分な言葉を持ちません。泣く、ムニャムニャ言う、ひっくり返る、わめく、繰り返す、指差しする。親から離れられるようになると、あちこち遊びまわる、ブッブーと勝手に遊ぶようになる、など。

年齢によって、どんどん新しい「しぐさ」が現れ、また変化していきます。言葉が未熟なぶんだけ、「しぐさ」から子どもの心を知ることが必要です。イライラ、ハラハラといった試行錯誤を減らし、ちょっと観察してみよう、という親になるために必要な「腹を据える」心構えができるようになります。

「しぐさ」は、表情だけでなく、身振り手振り、そして声の調子、イントネーションなど、すべてを含みます。児童期になって、言葉を充分使いこなす年齢になっても、子どもの本音は「しぐさ」に表れています。

また、思春期頃の子どもが「わかったよ」と言っても、その表情や言い方から、「わかるわけないじゃん！」と伝えているのが理解できることもあります。「しぐさ」は、子どもの心を理解する大事な手がかりなのです。

児童期後半から思春期にかけては、言葉が自由に使えるようになったぶんだけ、言葉だけに注目していると親は惑わされ、葛藤し、どうしたらいいかわからなくなりがちです。そんなとき、子どものしぐさの特徴がわかれば、「はは～ん、そうくるか」「わかるな、その気持ち」と、ちょっと大人に近づく子どもの心に共感できるようになるものです。

子どもとの時間が、かけがえのない時間になることに、この本がお役に立てることを願ってやみません。

皆さんにとって、子どもたちの存在が愛おしくなりますように。

渡辺弥生

絵で見てわかる「しぐさ」で子どもの心がわかる本　もくじ

装幀◎朝田春未
装画・本文イラスト◎たかおかゆみこ
編集協力◎洪愛舜

PART 1

「キーワード」でわかる子どもの心

乳幼児期
（0～3歳）

どうしたの？大丈夫だよ

「どうしたの？」
「お腹空いたかな」と
注意を向ける
応答的な関わりが
愛着関係を築きます。

キーワード

応答性

生まれたばかりの赤ちゃんは、泣いているだけで言葉を話すことができません。しかし、実は「泣くこと」を通してコミュニケーションは始まっています。

「赤ちゃんはどうせわからない」と放っておくのではなく、泣き声が赤ちゃんにとっての「会話」だと捉え、「どうしたの？」「お腹空いたかな」など、注意を向けて会話するといいでしょう。

子どもが望むことに対して愛情を込めて応える「応答的な関わり」から、愛着関係が築かれていきます。

乳幼児期
（0～3歳）

心の絆

人見知りは**愛着**の表現。
愛着が対人関係の
基盤となります。

キーワード
愛着
内的ワーキングモデル

「応答的な関わり」を続けていると、7カ月頃から「この人が自分を守ってくれる人だ」と認識するようになります。

このように、心と心の絆ができている状態を、「愛着」と言います。愛着関係にある人とそうでない人を区別するようになるので、人見知りも始まります。

乳幼児期における愛着がその子にとって対人関係の基盤となり、自分にとって重要な人との関係についてのイメージ（表象）が獲得されていきます。これを「内的ワーキングモデル」と言います。

乳幼児期
（0〜3歳）

手がかかる子と、かからない子

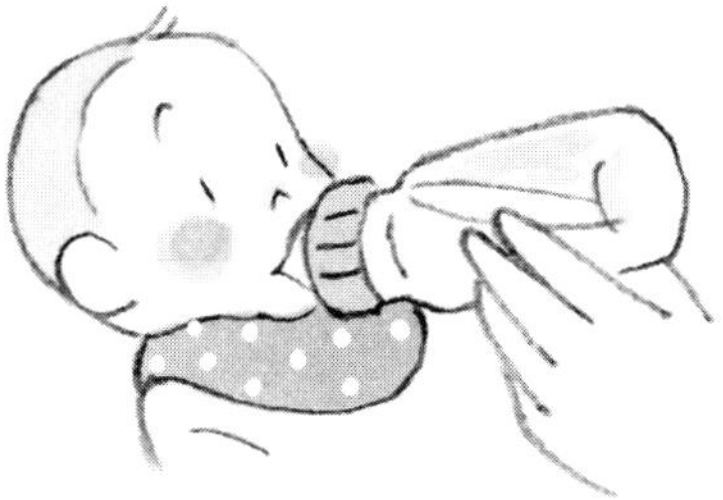

それぞれの子に、それぞれの**気質**があります。
その子に合わせた関わりを。

キーワード
気質

精神科医・トマス&チェスによる調査から、子どもには、生まれながらの「気質」があると言われています。ミルクを一気に飲んでよく眠る「育てやすいタイプ」の子もいれば、音や環境の変化に敏感でいつも泣いているタイプもいます。

気質に「良い」「悪い」はありません。敏感なのは感受性が豊か、暴れん坊は元気があって活発だとも捉えられます。

その子がどんな応答的な関わりを求めるのか、気質を考慮に入れて関わるといいでしょう。

乳幼児期
（0～3歳）

会話・コミュニケーションの成立

子どもが指差したものに
応答的に対応することで、
コミュニケーション能力が
発達します。

キーワード

指差し 三項関係

1歳頃から始まる「指差し」は、自分の気持ちを伝えたい、他者と共有したいと思いはじめていることの表れです。これはとても大きな発達を意味します。

これまで「自分―もの」もしくは「自分―他者」という2つの関わりでしたが、「自分―もの―他者」という3つの関わりになるのです。これを発達心理学では「三項関係」と言います。子どもが指差したものについて「ワンワンだね」などと応答的に対応することで、コミュニケーション能力が発達していきます。

幼児期
（3～6歳）

外の世界にチャレンジ！

親との愛着関係を心の**安全基地**にして、
好奇心や自立心を強めていきます。

キーワード

探索行動

子どもは、ハイハイや歩行ができるようになると、外の世界への好奇心が湧いてきます。このとき、保護者との間に愛着関係が築かれていると、それを心の安全基地にしながら、少しずつ外の世界へチャレンジしていくことができます。

いきなり遠くへ行くわけではなく、少しずつ離れながら様子を窺い、大丈夫だと思ったらまた少し離れる。これを繰り返しながら、少しずつ世界を広げていきます。「探索行動」により、好奇心や自立心が強まっていき、多くを学びます。

幼児期
(3～6歳)

想像力が広がる

イメージする力を獲得できると、「ふり遊び」や「ごっこ遊び」ができるようになります。

キーワード

表象(イメージ)の獲得 (見立て・ふり遊び 延滞模倣)

お子さんが、たとえば積み木をにぎって「ブッブー」と車のように遊んだら、あるものを別のものに「イメージする力」を獲得したことを表しています。1歳半頃から見ることができます。

イメージする力を獲得すると、「見立て遊び」や「ふり遊び」が増え、記憶力も発達し、誰かの行動を時間が経っても真似する「延滞模倣」もできるようになります。他人とイメージを共有する「ごっこ遊び」もできるようになります。

幼児期
(3～6歳)

自分と他人の違いがわかる

私はミカンが好きで、彼女はリンゴが好き
──**自分の心と相手の心は別**だということがわかりはじめます。

キーワード
心の理論
自己認知

4歳までの子どもは、自分の心と相手の心が別であることに、まだ気づいていません。自分が知っていることを相手も知っている、相手の気持ちは自分の気持ちと同じだと思っているのです。

人と関わったり、ものを使って繰り返し遊んだりしていく中で常に刺激を受けて発達していき、4歳を過ぎてからようやく、自分の心と相手の心が別のものだと理解するようになります。この発達によって、「相手を欺く」ということもできるようになります。

幼児期
(3～6歳)

喜怒哀楽がわかる

周りの大人が感情に言葉を与えることで、**喜怒哀楽**を理解していきます。

キーワード

基本的な感情の獲得

人は、2歳頃までに喜びや悲しみ、嫉妬、怒り、恐れなど、さまざまな感情を獲得すると言われています。しかし、その感情に対して「これは『うれしい』という感情だ」という認識が、内部から勝手に生まれてくるわけではありません。

うれしいときは、周りの大人が「うれしいね」と声をかけ、悲しいときは「悲しかったね」と声をかけることで、感情と言葉がリンクしていきます。周りの大人が感情に言葉を授けていくことで初めて、感情を理解するのです。

児童期前半
（6～10歳）

他の人にもいろいろな思いがある

自分だけではなく、相手（他人）の気持ちがわかるようになります。

キーワード

自己中心性からの脱却
社会的視点取得能力

幼児期は万能感を持っており、「自分がいちばん」という自己中心的な考え方をする傾向があります。発達に伴い他人の気持ちを考えられるようになり、いろんな人の立場に立てるようになってきます。

就学すると世界が広がり、さまざまな経験をするようになります。その中で、人によって立場や感じ方、考え方が違うと気づいていきます。他の人の考えや気持ちを推測して理解する力は、これから対人関係を円滑に築いて維持していくためにとても大切なものになっていきます。

児童期前半
（6～10歳）

がんばれるとき がんばれないとき

万能感が薄れ、コンプレックスから**無気力**になることも。声かけだけでなく、成功体験を。

キーワード

やる気と無気力

成長とともに、自分のダメなところも自分の目に映るようになり、幼児期に持っていた万能感は失われていきます。児童期後半になると、「自分は能力がない」「やってもダメだ」とやる気を失い、無気力になることがあります。

劣等感から無気力になると、「がんばれ」と励ましがちですが、声かけだけでなく成功体験を与えることが大切です。できそうな目標を立て、スモールステップで成功体験を重ねられるようにしましょう。

児童期後半
〜思春期
（10〜13歳）

うれしいけど悔しい ワクワクするけど不安

複数の入り混じる感情に気づくことで、
気づかいや配慮などの**ディスプレイルール**が
身につきます。

キーワード
入り混じった感情
ディスプレイルール

うれしいけれど悔しい、怖いけどワクワク……、ポジティブな気持ちとネガティブな気持ちなど同時に2つ以上の感情が入り混じることに気がつきはじめるようになるのは、児童期からだと言われています。これは対人関係にも影響を及ぼします。「自分が勝ってうれしいけれど、相手に申し訳ない」と思ったり、「好きじゃない子だけど、笑ってありがとうと言う」など、他人の気持ちを汲んだりして、相手を傷つけない気持ちの表し方（ディスプレイルール）を獲得します。

児童期後半
～思春期
（10～13歳）

「何がわからないか」がわかる

自分を客観視して、
行動や解決策を決める
メタ認知ができるように
なります。

キーワード

思考の発達（具体的操作期 メタ認知）

7歳を過ぎた頃から、論理的な思考ができるようになると言われています。11歳くらいまではまだ抽象的なことについてはうまく考えられず、具体的なもののみになるので、「具体的操作期」と呼ばれます。

また、自身の状態をモニターして、自分が何を考えているか、自分の状態を知り、課題があればどのように解決するか、方法を考えたり、行動化したりできるようになります。これは、「メタ認知」と呼ばれ、10歳頃からできるようになります。

児童期後半〜思春期（10〜13歳）

親から友だちへ

「自分にとって大切な人」が、
親から友だちへと
移りはじめます。

キーワード

「重要な他者」の変化
心理的離乳

思春期にさしかかると、子どもにとって人格形成に重要な意味を持つ人が、親から友だちへと変化します。これと関連してか、親に対して感情をありのまま出さなくなったり、家で話をしなくなったりするなどの変化が現れます。

ただし、親を頼りにしなくなるというわけでも、親と友だちが完全に交代するわけでもありません。

「親は自分を信じてくれている」という確信を得るために、反抗して試すようなところもあります。

児童期後半
〜思春期
(10〜13歳)

体の変化に心が追いつかない

体の変化に心が追いつかず、不安や戸惑いを覚える年頃。大人への第一歩です。

キーワード
第二次性徴
不安

思春期は、体が急激に変化する時期です。身長や体重が一気に増え、筋肉も成長し、心肺機能や呼吸器にも影響を与えます。また、第二次性徴により生殖器が変化して、精通や初潮を迎えます。ホルモン分泌の変化によって、感じ方も変わるなど、体の変化に心が追いつかず、不安や戸惑いを抱えています。

なお、男子に比べて女子のほうが、体の変化や初潮をネガティブに捉える傾向があることがわかっています。親は安心できるよう関わってあげましょう。

児童期後半～思春期（10～13歳）

親しくなりたい 一人になりたい

より近づきたい、もっと親密になりたいと思うがゆえに、**軋轢**《あつれき》が生じることも。親密性と自立性のせめぎ合いです。

キーワード

親密性と自立性（ヤマアラシのジレンマ）

思春期の子どもにとって、友だちは何よりも大切な存在です。そのため、もっと近づきたい、より親しくなりたいという願望を持っています。しかし、近づきすぎることによって束縛したり嫉妬したりと傷つけてしまうこともあります。これを、「ヤマアラシのジレンマ」と言います。ヤマアラシ同士がハグしようとしてもお互い身体にある針で刺し合って、近づきたいのに近づけないというたとえです。親密性と自立性のせめぎ合いが、思春期以降にはよく起こります。

児童期後半
～思春期
(10～13歳)

円滑な人間関係を築く

悪いと思ったら
「ゴメン」って謝れば

依頼や仲直りの仕方といった**ソーシャルスキル**は、
円滑な人間関係の構築に不可欠です。

キーワード

ソーシャルスキルの獲得

人にお願いするときはこう伝えるといい、自分より小さい子にはこう対応しようなど、円滑な人間関係を築くためのスキルは、幼少期からの遊びや他者との関わりの中で獲得していきます。子ども同士で遊ぶうちに、他の人の行動を見たり自分でやってみて失敗したりを繰り返しながら、学んでいくのです。

しかし、今は子ども同士の交流が失われており、対人関係に必要な「ソーシャルスキル」が未熟な子どもが増えています。

児童期後半
〜思春期
（10〜13歳）

ボクって、ワタシって、何？

答えのないことを問い続ける葛藤は、
人生で大切な経験となります。

キーワード

抽象的な世界の広がり

10歳頃から、抽象的なものごとについて頭の中で論理的に考えられるようになってきます。児童期の「具体的操作期」に具体的なことをたくさん考えたり、いろんな人と話をしたりしているうちに、「自分とはなんだろう？」というアイデンティティーや、「人はなぜ生きる？」といった抽象的な概念について考えるようになります。抽象的な世界が広がっていくのです。

答えが得られず葛藤しますが、生きていく上で、とても大切な経験です。

PART

2

「しぐさ」でわかる子どもの心

人見知りが激しい 親から離れられない

親戚や友人など、母親以外の人に抱っこされると激しく泣く。
「ちょっと待っててね」と言っても、しがみついて離れようとしない。

「子どもの人見知りが激しい」という悩みをお持ちの方は少なくないと思います。あまりに激しいと心配かもしれませんが、生後7カ月頃から見られるこのしぐさは、実は正常な発達を表しています。

発達心理学で、「愛着」という言葉があります。これは、子どもにとって「この人が自分を守ってくれる人だ」と認識して「心の絆」ができ、信頼関係が築かれている状態です。

生まれたばかりの赤ちゃんは、言葉は話せませんが、「泣く」ことでコミュニケーションを始めています。「お腹が空いた」「暑い」「寒い」「不快だ」という感情を、泣くという行為で訴えていますから、「お腹が空いたのかな？」「暑いの？　1枚脱ごうか」「おむつ替えてすっきりしようね」と声をかけながら接することが、とても大切です。

子どもが投げかける言葉や気持ちに寄り添い、大人が愛情を込めて関わる「応答的な関わり」が、愛着の形成に大切なのです。「どうせ言葉がわからないから」と無言で淡々と接するのではなく、応答的な関わりを続けることで、赤ちゃんは養育者を「信じられる存在」として受け止めるようになります。

その結果、生後7カ月頃になると「愛着関係にある人」と「そうでない人」を区別するようになり、愛着関係にある人から離れると泣いてしまう、人見知りする、という愛着行動が現れるのです。つまり、「人見知り」や「ママ・パパから離れない」というのは、健全な愛着関係の形成を表す「良いしぐさ」なのです。

子どもは発達とともに愛着の対象を増やし、「目の前にいなくても〝安全基地〟として存在する」ということがわかってきます。

応答的な関わりを続けることで愛着関係がさらに発達すると、姿が見えないと大泣きして、あと追いしていた子どもも、3歳くらいになると、「今は離れても必ず帰ってきてくれる」と、

こうしてみましょう

人見知りは、「愛着関係にある人」と「そうでない人」の区別ができている証拠。

「応答的な関わり」が不足しているようなら、親子でゆっくりした時間を過ごしましょう。

深く信頼できるようになり、親がお出かけのときでも「いってらっしゃい」と言えるようになります。

3歳を過ぎても離れられないようであれば、それは「分離不安」の可能性があります。

原因はさまざまですが、応答的な関わりが不足する中で早く自立させようとしたため、離れることに対して強く不安を抱いている可能性があります。

その場合は無理に離そうとせず、しばらくはお母さんやお父さんとゆっくりした時間を過ごすようにしましょう。

指しゃぶりばかりしている

指をしゃぶりながら、ボーッと突っ立っている。

遊びの輪にうまく入ることができず、指をくわえて見ている。

指しゃぶりには、心配なものと、そうでないものがあります。

実は、子どもはお母さんのお腹の中にいる頃から指しゃぶりをしていますが、なぜ指しゃぶりをするのかはわかっていません。

赤ちゃんは、手や足など自分の体をバタバタと動かす「繰り返しの行動」を常にしており、これによって目と手を協応させたり、体の機能を確認したりしています。この繰り返しの中で、さまざまなことを学習しているのです。

1歳代までの指しゃぶりは、この「繰り返しの行動」の一つですので、「心配ではないしぐさ」と言えるでしょう。

ただ、3、4歳を過ぎての指しゃぶりは、ちょっぴり「心配なしぐさ」です。この時期の子どもは、いろんな遊びをするようになります。遊びは発達においてとても大切で、体の能力はもちろんのこと、いろいろなことをイメージする想像力を発揮するほか、ものをつくり出す創造力など、さまざまな力が養われていくのです。

幼児期は放っておけば勝手に遊ぶということはなく、遊ぶ環境を親が与えてあげる必要があります。危険がないように環境を整え、子どもの発達に合ったおもちゃなどを用意し、親も一緒に遊ぶなど、ワクワクする雰囲気をつくってあげると、子どもは刺激を受けて遊びに興味を持ち、一人で遊んだり、友だちと走り回ったりと、かなり活動的に遊ぶようになります。

したがって、こうした時期である3、4歳を過ぎても指しゃぶりをしているということは、手持ち無沙汰で退屈していると考えられます。他に楽しいと思う遊びがあれば、指をしゃぶる暇はないはず。「しゃぶらないの！」と注意をするよりも、夢中になって遊べるような環境を整えて一緒に遊んであげましょう。

「子どもとどんなふうに遊んだらいいか、わからない」という方は、児童館や保育所、幼稚園などに出かけてみるといいでしょう。他の親子の様子や、職員が子どもと接する様子から、たくさんのヒントが得られるはずです。

寝る前に指をしゃぶるクセがある子に対しては、「指しゃぶりしないで」と注意するよりも、手を握るなどして気を逸らしてあげるといいでしょう。子どもは安心感を覚えて、徐々に指しゃぶりをしなくなっていくはずです。

こうしてみましょう

就寝時に指しゃぶりをする子には、手を握るなどして、気を逸らしましょう。

子どもが夢中で遊べる環境を整えてみて。児童館などで、他の親子や職員の様子を参考にしてみましょう。

夜泣きがひどい

夜中に激しく泣いたり、何度も泣いたりする。

昼間に遭遇した怖い体験を思い出して、夜中に火がついたように泣き出す。

夜泣きは、子どもが何らかの「不快」を訴えているしぐさです。「お腹が空いた」「眠くない」という不快感を言葉で伝えられたらいいのですが、子どもは2歳くらいまでは「説明するための言葉」を充分に持たないので、「泣く」という行為で伝えるしかないのです。

赤ちゃんが生まれるまではお母さん自身の意思で睡眠時間を決めることができましたが、赤ちゃんには「夜だから眠ろう」といっても、関係がないのです。

毎晩何度も起こされて、イライラが募るし体力はそがれるし、ヘトヘトになってしまいますよね。これがいつまで続くんだろうと、気も滅入ることでしょう。

都度対応しているのに、あまりにも夜泣きがひどい場合は、何に原因があるのか、冷静に考えてみることが大切です。もしかすると、昼間の運動が少なくて、体力が余っているのかもしれません。その場合は、無理に寝かせようとしても難しいので、昼間に安全な環境で、たくさん体を動かして遊べるよう心がけてみましょう。

充分にお腹がいっぱいになっておらず、空腹で泣いている場合もあります。母乳が足りていないようであれば、粉ミルクを足してみましょう。

母乳育児にこだわりすぎて〝育児ノイローゼ〟のようになると、いろいろな問題が起きる可能性があります。むしろ、混合栄養にうまく切り替えて、ストレスを緩和したほうがよいでしょう。混合栄養ならパパやおばあちゃんでも授乳ができるので、交代で授乳すれば、睡眠時間の確保にもつながります。

どんな子でも、多少なりとも夜泣きをします。これは、その子の生まれ持っている「気質」とも関連します。敏感な子もいれば鈍感な子もいて、それは環境や育て方のせいではなく、その子の特徴なのです。「ウチの子は夜泣きしないんです」という人がいたら、それはラッキー

こうしてみましょう

どんな子でも多少の夜泣きはあります。疲れが溜まらないよう、たまには授乳を夫や家族にバトンタッチ。

夜驚も一過性のものがほとんど。体をさするなどして、安心させてあげて。

なだけ。比べるとストレスになるので、「ウチはウチ」と割り切りましょう。

幼児期になると、昼間にあった怖い体験などを思い出し、寝ながら泣いてしまう「夜驚」という症状があります。一過性のものなので、体をさすったりトントンしたりして、安心させてあげましょう。夜泣きは一生続くものではありません。

夫婦で交代するのがいいでしょうが、難しい場合は、夫の休日にゆっくり眠る時間を確保するなど、協力し合って凌いでいくようにしましょう。

なんでも口に入れる

目につくものをなんでも触ったり引っ張ったり、口に入れようとする。

お友だちのおもちゃを取り上げて、口に入れてしまう。

これは、発達につながる大切なしぐさです。

0～2歳頃は、目・耳・鼻・舌などでとらえられた感覚と、体を動かす運動器官とを通して、ものの存在を学んでいく時期です。発達心理学では、「感覚運動期」と言われています。

生まれたばかりの赤ちゃんは、まだ自分という個体と、周りの環境の区別がついていません。自分の体を動かしたり、触覚や視覚、嗅覚などの感覚で周りのものを感じたりしながら、自分と自分以外のものの違いについて学んでいます。

手や足、目、鼻など数ある感覚の中で、乳児期にいちばん鋭いのは口です。そのため、この時期の赤ちゃんはなんでも口に入れて、環境にあるいろいろなものを確かめているのです。

この時期は、こうした感覚と、手などの運動とを協調するときでもあり、ものを口に入れてなめたりかじったりするほか、食べ物を手でつかんで口に運んだり、視野にあるものに手を伸ばしたりできるようになります。

ただし、この時期に気をつけたいのが、誤飲です。

乳幼児の誤飲事故でいちばん多いのは、タバコです。他にも、口に入れると喉に詰まって窒息してしまうサイズのもの、薬、不衛生なものなども危険です。

「赤ちゃんはどんなものでも口に入れる」という前提で、口に入れると危険があるものは、手の届くところには絶対に置かないようにしましょう。

また、出先で他の人のものを取って口に入れようとするなど、「やってはいけない」と判断できることを子どもがした場合は、「発達に必要なことだから」と黙って見ているのではなく、「それはダメだよ」と伝え、やめさせることが必要です。

親は「社会化の担い手」と言われます。子どもが成長して自立していけるよう、言葉やルールがわかるように伝えていく役割があるのです。

2歳頃までの子どもには「自分のもの」「他人のもの」という区別はまだ難しいので、できるだけ言葉にして伝えることで、徐々に理解を促しましょう。

こうしてみましょう

タバコや薬、不衛生なものや喉に詰まってしまいそうなものは、子どもの手の届かないところへ。

発達に必要なしぐさとはいえ、ダメなものはダメと、しっかり教えましょう。

パパのところに行かない

「だっこ」と父親が呼んでも母親から離れない。

「サッカーしよう！」と父親が誘っても、母親とばかり遊んで興味を示さない。

これは、発達のプロセスで必ず直面するわけではありませんが、この時期の子どもによく見られるしぐさです。最近では「パパイヤ期」とも言われています。

お母さんはお腹の中で10カ月間赤ちゃんを育て、出産して母親になり、その後も長い時間一緒に過ごします。そのため、お父さんに比べてお母さんのほうが、身体的にも時間的にも、関わり合いが深まります。

「人見知り」の項でも述べたとおり、赤ちゃんは7カ月頃から「愛着関係にある人」と「そうでない人」を区別するようになります。関わり合いが深く、長い時間を共にするお母さんと、関わる機会が少ないお父さんとを比べると、どうしてもお母さんとの愛着関係が強くなるので、ある程度「パパ・イヤ」になるのは仕方がないことです。

子どもがお母さんにくっついて離れないという場合は、無理に引き離そうとせず、お父さんが家事をするなどの分担を工夫するといいでしょう。1歳半頃までには、徐々に軽減していくはずです。

もう一つの可能性として考えられるのは、「応答的な関わり」をしていないかもしれない、ということです。この時期は、「子ども自身がしたいこと」に応答してあげる関わり方が必要です。

親が「これをしてあげたい」ということばかりしていると、愛着関係が形成されにくくなります。親が「子どもにサッカーさせたいから」とサッカーボールで遊ばせるのではなく、子どもがボールに興味を持ったらボールを転がしてあげるなど、子どもがやりたそうなことを工夫して、世界を広げてあげるようにするといいでしょう。

いずれにせよ、お父さんのほうがお母さんに比べて関わる時間が短かったり、応答的な関わりが少なかったりするというだけで、「お母さんしか愛着形成ができない」というわけではあ

こうしてみましょう

一緒にいる時間が比較的長い母親になつくのは仕方のないこと。母親の家事に支障が出るようなら、父親と交代、分担して。

親の希望を押しつけるのではなく、子どもが興味を持ったことを楽しませてあげましょう。

りません。最近になって、父親と子どもの間にもしっかりと愛着が形成されることがわかってきています。

もう一つ大切なことは、お母さんの安定、お父さんの安定は、夫婦の安定でもあるということ。夫婦がイライラしていると、子どもにもネガティブな感情が伝染します。

帰宅が遅いなどで子どもと直接関わることができないというお父さんでも、お母さんの気持ちに寄り添ったり、サポートしたりできるような努力はしてあげたいものです。

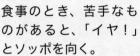

なんでも「イヤ」と言う

食事のとき、苦手なものがあると、「イヤ！」とソッポを向く。
上着のボタンかけを手伝おうとすると、「ダメ！」と払いのける。

理由は解明されていませんが、実は世界中の子どもが1歳半ぐらいになると、「イヤ！」と言い出すことがわかっています。アメリカの子どもは「NO！」と言うのでしょう。日本では「イヤイヤ期」と言われて親にとって大変な時期とされていますが、実は「イヤ！」という言葉が出てくるのは、すこやかに育っている証《あかし》です。

14ページでも述べたとおり、子どもは生まれてから1年くらいかけて、親との愛着関係を築いていきます。信頼できる関係が築かれていくと、子どもは少しずつ外の世界を探検するようになります。親という「安全基地」があるから、自発的にいろんなことをしていきたいと思えるのです。

自分が選んだ服を着たい。自分で靴を履きたい。自分でボタンを留めたい。自分がやりたいと思うことをどんどんやりたい、そんな探求心があふれる時期です。自分がやりたいことをやろうとして、親に対して「イヤ！」と言うのは、健全な発達であり、乳児期からの関わりが実って、親子の間に愛着関係が築かれていることの表れでもあります。

この時期は、子どもが意欲的になれるよう関わることが大切です。自分がやりたい！と言ったことがうまくできなかったとき、「ほらね」と声をかけていませんか？　自分でやりたいという気持ちが芽生えているのに、このような声かけが続くと、子どもは萎縮してしまって、やりたいという意欲を持てなくなります。この時期に過剰に褒めたからといって、将来、傲慢な大人になることはありません。

「自分でやりたい！」と意欲を持って取り組んでいることに対しては、多少手伝ってあげたとしても「すごいね！　できた、できた！」と褒める声かけをしましょう。親が喜んでくれると、子どもの自発性や探求心はより強くなります。

ただし、健全な発達の証とはいえ、毎日何回もイヤイヤと言われ続けると、疲弊してしまい

こうしてみましょう

「ママは大好きだから、食べちゃおう〜」とおいしそうに食べてみせると、子どもも興味を示します。

「すごいね」「できた！」と、子どもの「自分でやりたい」気持ちを褒めてあげましょう。

ますね。「自分が否定された」と思ってしまうお母さんお父さんもいるのではないでしょうか。しかし、この時期の子どもはまだ他の人の気持ちを推測することはできないので、こちらの考えがわかって「イヤ」と言っているわけではありません。

子どもと同じレベルでバトルするのではなく、子どもの「イヤ！」を利用して、「いいよ、食べなくて。お母さんは大好きだからいっぱい食べちゃおう〜」とモリモリ食べるなど、親のほうが「一枚上手」の対応ができるといいですね。

危ないことばかりする

リビングのソファによじ登ったり、おりようとしたり。オッと危ない！

テーブルの上のものを取ろうと、クロスを引っ張ってたぐり寄せる。アー、ちょっと待った！

たとえば「高いところが怖い」とわかるようになるのは、だいたい9カ月頃のハイハイをする時期だということがわかっています。これは、視覚が発達することによって「奥行き」を理解し、「高さ」が知覚としてわかるようになり、怖さを感じるからです。

身の危険を判断するもう一つの手がかりは、親の表情です。子どもは行動する際に、親など大事な人の表情を見て判断しています。

これは「社会的参照」と呼ばれています。

視覚の発達と社会的参照が未熟な0歳頃は、まだ危険を理解する力が未熟ですから、まずは、危なくない環境を整えた上で、言い聞かせるだけではなく、怖いよという表情をしっかり示すことが大切です。1、2歳になっても高いところに登るなど、危ないことをする場合は、危険に対して想像力が未熟であることが考えられます。

こうした危険に対する想像力は、親など周りの大人が「危ない」ということを教えることで養われていきます。「ダメ！」「やめなさい！」と注意するだけで、「なぜダメなのか」「やるとどう危険なのか」を説明しないと、子どもはそれを知る術がありません。親からの説明があって初めて、子どもはその理由を学ぶことができます。

こうした「説明的しつけ」は、時間はかかっても子どもの心にしっかり刻まれていきます。面倒かもしれませんが、その時期その時期の子どもが理解できる言葉で説明しましょう。「なぜダメなのか」を説明することで、子どもは理由を理解できるだけでなく、親は自分のためにダメと言ってくれているんだ、愛情があるから言っているんだということも学びます。これは、思春期以降の親子関係にも関わってくることです。

危険なシーンが出てくる絵本を読んだり映像を見せたりするのもいいですね。モデルの体験からイメージして学ぶことができます（モデリング）。

また、先ほども述べたとおり、「表情のメッセージ」がとても大切です。子どもに注意する際、スマホ画面を見たまま話していませんか？

「ダメ」「いいよ」と言葉だけ伝えて、表情のメッセージを与えないのは、コミュニケーションとして不充分です。

言葉と表情でのコミュニケーション――この両方を心がければ、そのメッセージは、子どもの心の深いところまで届くでしょう。

こうしてみましょう

「危ないよ！」という言葉とともに、表情もしっかり示してあげて。（安全確保が前提です。危険なときはすぐに助けてあげてください）

「コラ！」「ダメ！」ではなく、「お味噌汁や器が落っこちちゃうから、やめて」など、言葉と表情で理由をしっかり伝えてください。

ぬいぐるみを離さない

大好きなぬいぐるみを片時も離さず、不安そうにしている。

いつもハンドタオルを持ち、「ちょうだい」と言っても渡そうとしない。

トイレに行くだけなのに赤ちゃんが大泣きしてしまい、抱っこしたまま用を足した、という経験がある方も多いのではないでしょうか？　乳児期は、親が目の前からいなくなると「消えた」と感じてしまい、「トイレにいる」というイメージができません。発達とともに、3歳くらいまでに「見えなくても存在する」ということを理解できるようになります。

徐々に、「見えなくても存在する」

ということが理解できるようになってくるのですが、それでも、お母さんやお父さんなど、信頼できる相手が急に見えなくなるのは恐ろしいものです。そんなさみしさや怖さを凌ぐために、ぬいぐるみやタオルなどを持って踏みとどまる、というしぐさが見られます。ぬいぐるみやタオルを持つことで、大好きな、信頼関係がある対象がいるようなイメージをして、見立てているのです。

ではなぜ、ぬいぐるみやタオルを選ぶのでしょうか？　こんな実験があります。アカゲザルの赤ちゃんに、2つの「代理母」を用意しました。一つは針金でできた「代理母」、もう一つは布でできた柔らかい「代理母」です。どちらも抱きついてミルクを飲むことはできました。ところが、それぞれの母にある期間育てられたアカゲザルの赤ちゃんを同じ部屋に移して驚かせると、アカゲザルの赤ちゃんはたいてい布製の代理母を求めました。つまり、不安やさみしさを抱えているとき、柔らかいものを求める傾向があるのです。ですから、お子さんに対して大丈夫かな、と気になってしまうかもしれませんが、心配はありません。

成長とともに信頼関係が構築されていくと、心の中に「イメージできる力」が発達します。発達心理学では「対象恒常性の確立」と言います。「対象恒常性」は、不安になったときもお母さんやお父さんなど信頼できる人の顔を思い浮かべて、「大丈夫、大丈夫」と思える力のこと。これは、愛着が形成される関係性においては3歳頃までに確立されます。サスペンスドラ

こうしてみましょう

ママやパパなど、大切な存在の代わりを、ぬいぐるみに求めているのかも。「大丈夫」と思えるようになれば、自然と手放せるものです。

遊びが活発になって、退屈したり不安を抱えたりする暇がなくなれば、タオルのことも忘れてしまうかも。

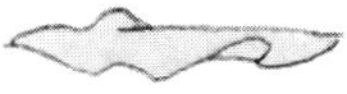

マなどで、崖から落ちそうになっている人が、「おかあさーん！」と叫ぶシーンがよくありますね。つまり、大人でも「困ったときに助けに来てくれる人」を、心のどこかでイメージしているのです。

また、3歳頃になると「遊び」がさらに活発になってきます。友だちと同じ遊びを一緒にできるようにもなってきます。そうなるにつれ、退屈してジッとしていたり、さみしい思いを抱えたりする暇がなくなってくるので、徐々にぬいぐるみやタオルから卒業していけるでしょう。

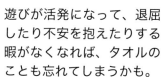

簡単な指示が伝わらない

「お片づけしてね」と言っても、片づけられない。

声をかけても関心を示さない。

まだおしゃべりできない子どもでも、こちらの言うことはわかるようになってきます。名前を呼ぶと振り向く、「ハーイ」と返事するなど、反応を示すようになります。また、「これ、ゴミ箱に捨てておいてくれる？」などの簡単なお願いをしたら、やってくれることもあります。

しかし、44ページで述べた通り、この時期の子どもは自分のやりたいこと、興味を持っていることをどんどんやりたいもの。興味がなければ聞かない、ということもあるでしょう。

指示内容自体を理解していないと感じる場合、いくつかの可能性が考えられます。一つ目は、説明が不足しているために理解できていないかもしれない、ということです。「お片づけしてね」ではなく、「これをあの赤い箱に入れてね」など、なるべく具体的に伝えたほうがいいでしょう。

二つ目に考えられるのは、コミュニケーション不足により、「聞く」能力が発達していない可能性があるということです。ここでいう「コミュニケーション」とは、子どもの伝えたいことに対して、関心を持って関わるということです。

子どもは1歳頃から指差しを始めます。犬の絵を指差して「ワンワン！」と言ったときに、「ほんとだ、ワンワンだね」「かわいいね」と応えるのがコミュニケーションです。

このように、これまで「自分—もの（おもちゃなど）」、もしくは「自分—他者（母親、父親など）」という二つの関わりだったものが、「自分—もの—他者」という3つの関わりになることが、コミュニケーションの始まりです。発達心理学では「三項関係」と言います。こうやって、自分の中にある気持ちを他者に伝えたい、他者と共有したいという気持ちが、コミュニケーション能力を発達させていくのです。

このとき、子どもの伝えたいことに対して無関心であったり、話を聞かなかったりというこ

こうしてみましょう

「ぬいぐるみやボールはこの箱に入れてね」など、できるだけ具体的に指示しましょう。

子どもの話にしっかり耳を傾け、うなずいたり相槌を打ったりすることが、子どものコミュニケーション能力を育てます。

とが常態化すると、子どものコミュニケーション能力は発達せず、聞く能力も育ちません。日頃から子どもの伝えたいことに耳を傾け、うなずいたり応答したりするよう心がけましょう。

話していることを理解していない、反応がないという場合、中耳炎などで耳の聞こえが悪い子もいるので、一度気をつけてみるといいでしょう。

これは心の問題ではなく体の器官の問題。なるべく早くわかって、早く対処できるほどいいので、気になる場合は医師に相談しましょう。

人に貸せない人のものを取る

お友だちに「貸して」と言われても、大事なものなので貸そうとしない。

お友だちが遊んでいるおもちゃを取ってしまう。

0歳、1歳の頃はそもそも、「自分のもの」「人のもの」という概念を充分に理解できていません。2歳くらいからようやく「自分のものだ」という「所有の意識」が出てきます。しかし、この時期は自分のやりたいことをやりたいので、まだ「貸せない」というのが普通でしょう。

日本では思いやりが美徳とされていて、幼い子どもにも「(相手に) 貸してあげようか？」と促す傾向がありますが、何もこの時期から自己犠牲を強いることはありません。

また、人のものに対して「自分と同じように、これは人にとって大事なものなんだ」というのがわかるのは、さらに高度なことです。他の人にも「思い」があるということは、4歳を過ぎないと理解することが難しいと考えられています。それでいて、「遊びたい」という意思はどんどん強くなるので、「取った・取られた」「貸して・貸せない」のトラブルが多発する時期です。親としては心配になってしまいますが、実はこの日常のトラブルが、発達の上でとても大切なのです。

無理やり取ったり取られたりすると、泣かしたり泣かされたりのケンカになり、面倒なことになります。このトラブルを繰り返し経験するからこそ、次第に「貸して」と伝えると「いいよ」とスムーズに貸してもらえることを学びます。つまり、無理に取ることでトラブルになったり大泣きしたりするよりもコストを大幅に軽減できることを実感し、「貸してと伝える」ソーシャルスキルやルールを獲得していくのです。

最初からトラブルが起きないように親が介入しすぎると、子どもはこの体験ができません。すると、いつまでも無理に取ろうとし、また、取られたときの体験ができないので、「貸して」と言われても貸せなくなってしまいます。

4歳頃から、他の人にも「思い」があることを理解するようになると述べましたが、4歳に

こうしてみましょう

取ったり取られたり、泣かしたり泣かされたりといったトラブルの経験も、時には必要です。

お母さんが「貸して」「いいよ」のモデルになって、子どもに真似をさせてみましょう。

なると急にわかる、というわけではありません。このような体験を繰り返し、親が説明して伝えることで少しずつわかっていくので、毎日の遊びの中でこういった「いざこざ」を体験することは大切です。遊びは、生活していくために必要な力をたくさん教えてくれます。

　また、お母さんが「貸して」「いいよ」のモデルになったり、絵本や映像でその場面を見せたりするのもいいですね。子どもは真似をするのが好きなので、身近な人がやっていることは模倣して、身につけるようになるでしょう。

目をパチパチさせる　吃音

目をしきりにパチパチさせている。

吃音で伝えたいことがうまく言えない。

目をパチパチさせるしぐさは、「チック」と言われているものです。何かの拍子に出ることがありますが、指しゃぶりと同じようにクセがついてしまっている状態で、たいていは一過性のものです。ストレスを感じていることが原因であることが多いので、無理にやめさせようとするのではなく、リラックスした時間を過ごして、一緒に遊んだり話を聞いたりするなど、親子間のコミュニケーションを大事にするといいでしょう。

吃音《きつおん》は、どちらかというと女の子より男の子によく見られます。これは、話したいという気持ちと言語能力とのバランスが取れていないために起こります。

話したいことがたくさんあるのに、語彙や構文をつくる能力などが足りていない状態です。なぜ男の子のほうが多いか、については、まだわかっていません。

言語能力の発達とともに自然と治っていくことが多いのですが、問題になるのは、気になったお母さんやお父さんが注意してしまって、二次障害につながってしまうことです。

「落ち着いて話してみたら?」「まただよ」と、ことあるごとに注意すると、本人は余計に意識してしまい、吃音が悪化することが多いのです。失敗感が強くなり、「また注意される」と思って話すことが楽しくなくなり、話す意欲がなくなってしまいます。

吃音が出はじめた頃は、本人はそれに対して否定的な感情を持っていません。しかし、周囲の大人が「もっと滑らかにしゃべれないの?」などと言ったり否定的な反応をしたりすると、本人もそう捉えてしまうのです。

吃音があったとしても親が気にせず、話したい気持ちを大切にしましょう。余裕を持って、ゆっくりと話を聞くようにできるといいですね。多少目をパチパチさせたり吃音があったりしても、周りに害を与えるわけではありません。

「問題行動だ！」と目くじらを立てて原因を探し、治そうと必死になるよりも、充分に遊んだり、しっかりコミュニケーションをとったりすることに力を入れるほうがいいでしょう。ほとんどは一過性のものであり、親も忘れているうちに治ることが多いものです。

4、5歳になっても問題行動が続いている場合は、一度受診してみましょう。

こうしてみましょう

無理にやめさせせようとせず、一緒に遊ぶなどしてリラックスした時間を過ごしましょう。

否定的な反応をせず、子どもの話したい気持ちを大切に。余裕を持って、ゆっくりと聞きましょう。

できないのに、我が強い

遠い距離でも「歩く！」と言い張る。

うまくできないのに、「やる！」と言ってきかない。

ＰＡＲＴ1や44ページでも述べたとおり、1歳半頃から自我が芽生えて、なんでも自分でやりたがるようになります。

しかし、まだ自分の能力や時間的な展望を把握して、見通しを立てることはできません。

そのため、「どう考えても自分ではできないだろう」と思うことも、自分でやる！　と主張することは、この時期の子どもによく見られるしぐさです。

お母さんの靴を履いて出かけたい。卵を自分で割りたい。駅まで遠いのに、自分で歩いて行きたい……。

そんなふうに主張されると、「どうせできないくせに！」とイライラして、「できるわけないでしょ！」と言ってしまうことも多いかもしれません。

しかし、今はなるべく「やれるんだ」という自信を持たせたい時期でもあります。なぜなら、アメリカで行われたある心理学の調査によると、男女ともに9歳から12歳で自尊心が大幅に低下することが明らかになっているからです。

この頃になると、自分の未熟なところや弱いところも自分でわかるようになり、自分を見る目が厳しくなります。

また、周囲からの評価にも敏感になり、厳しい評価を受けると自分に対して嫌悪感を持つようになるのです。

ですので、「なんでも自分でやりたい」「自分はできる」という意欲を持っている幼児期に、たくさんの「できる」体験を積み重ねておけるといいでしょう。親がなにくれとなく手伝ってあげながらも「自分でやれたね！」と声をかけたり、少し失敗しても概ねうまくいったら「できたね、すごいね！」と喜んだりするなど、一つひとつの体験が積み重なって自信につながっていきます。

44ページでも述べたとおり、この時期にたくさん褒めたからといって、そのまま傲慢な大人になることはありません。小学校に入り、さまざまな経験をする中で、劣等感を抱く時期が必ず来ます。幼児期くらいは、万能感を与えてあげてもいいのです。

こうしてみましょう

「自分でやりたい」という意欲を尊重し、「できる」体験を積み重ねてあげましょう。幼児期くらいは万能感を持たせてあげて。

さりげなくサポートしながら、「自分でやれたね！」「できたね、すごいね！」と褒めてあげましょう。

ひっくり返って泣く 癇癪がひどい

欲しいおもちゃを買ってもらえず、床に寝そべって大泣きする。

お友だちにぬいぐるみを取られて、ひどい癇癪。

ひどい癇癪《かんしゃく》は、自分の気持ちを表現する言葉が見つからないとき、または、自分がいま抱いている感情を分析できず混乱しているときに起こります。幼児期の子どもはまだ視野が狭いので、この不快感の解決方法がわからず、混乱してしまっているのです。

自分で自分の気持ちがわからない、というのは、幼児期にはある程度仕方がないことです。自分の感情を言葉で表現する、というのは、実は自然とできるようになっていくものではありません。感情を表現できるように語彙を与えるためには、親が代弁していくしかないのです。

たとえば、おもちゃを取られて大泣きしていたら、「悔しいから泣いてるのかな？」と声をかけることで、子どもは「この感情は『悔しい』ってことなんだ」とわかるようになります。こうした体験を積み重ねることで、4歳、5歳くらいになると徐々に自分で「悔しいから」と言葉にできるようになってきます。誰かが教えないと、その感情の名前は、どこからも出てこないのです。

お母さんやお父さんが、感情に語彙を与えられるよう、代弁していきましょう。喜びや怒りなどの感情は2歳頃に獲得できる力があるので、場面場面でその感情と言葉がリンクする経験をさせてあげることが大切です。そうすることで自分の中にある不快感が言葉につながっていき、癇癪を起こさなくても感情を吐き出すことができるようになります。

言葉で言えるようになると、リラックスできます。また、言葉で相手がわかってくれるなら、「癇癪を起こす」という無駄なコストをかけなくても要件が満たせるということがわかり、子ども自身もラクになっていくのです。

出先などで癇癪を起こされると、周囲の人に注目されてしまって対処に困り、慌てたりイライラしたりしてしまいますよね。そんなときは、その場で解決しようとせず、とりあえずその

こうしてみましょう

おもちゃ売り場は避けるなど、「そういう状況」にならない予防策を。

「悔しいから泣いちゃったんだね」と感情に語彙を与え、言葉で表現する経験をさせていきましょう。

場を離れて別のことで気分転換をさせるなどして対処するといいでしょう。

　中にはいきなりひっくり返ってしまう子もいますが、これは頭を打つ危険が伴います。バタッと倒れて癇癪を起こす子は、どういうときにひどい癇癪を起こすかという「兆し」をよく理解しておきましょう。負けそうになったときか、お腹が空いたからか、それとも買ってもらえないときか……、そんな「兆し」がわかったら、なるべくそういう状況にならないように予防策を考えましょう。

友だちとうまく関われない

他の子と遊ぼうとせず、一人遊びばかりしている。

遊びの輪に入れず、そばでモジモジしている。

友だちとの関係は、発達により変化します。1歳の頃は、同じぐらいの年頃の子がいても、まだ友だちを友だちと認識せず、一緒に遊ぶことはできません。一人で遊んだり大人と遊んだりします。2歳頃から周りにいる友だちのことを意識しはじめますが、この時期もまだ一緒に遊ぶわけではなく、一人ひとりが同時並行で別々に遊んでいる状態です。この状態を「平行遊び」と言います。

4歳頃から、友だちと一緒に遊べるようになってきます。「連合遊び」と言って、同じおもちゃを使って遊んだり、協力したりして遊ぶようになります。5、6歳頃になるとさらに発展して、会話しながら役割分担ができるようになってきます。これを「協同遊び」と言います。

幼児期は、平行遊びから連合遊び、そして、協同遊びへと発達していく時期ですが、その時期には個人差があります。また、子どもも一人ひとり気質や行動のタイプが異なるので、率先して友だちと遊びたがる子もいれば、騒がしい場所は苦手で静かなところで遊ぶのが好きな子もいます。

お母さんお父さんの中には、友だちと関わらせたいという意欲が強く、「人気者になってほしい」と思っている方もいらっしゃいますが、そもそも、友だちというものは無理やりつくるものではありません。その子はまだお母さんお父さんとゆっくり遊びたいのに、次々にお友だちと遊ぶよう促されるのは、子どもにとって負担です。最初は家族で、次に、よく会う親しい人と、というふうに、段階を踏んでいくようにしましょう。

友だちと一緒に遊んでほしいと思う場合は、「友だちをつくろうね」と言葉で言うよりも、お母さんお父さんがモデルとして子どもたちの中に入って遊ぶのがいいでしょう。「はい、どうぞ」「いただきます」などと楽しそうに一緒に遊んでいる様子を見て、子どもは「こんなふうにやればいいのか」と学んでいくのです。

また、親が期待したほどには遊べていなかったとしても、少しでも友だちと関われたら、「今日お友だちと上手に遊んだね」「楽しかったね」と、「できた」という言葉をフィードバックしてあげましょう。

「モデリング」と「フィードバック」で、少しずつ友だち遊びの楽しさがわかってくるはずです。

こうしてみましょう

4歳頃からは友だちと遊ぶようになり、5～6歳になれば役割分担をして遊ぶこともできるようになります。

言葉で言うだけでなく、親がモデルとなって輪の中に入って遊ぶ姿を見せましょう。

言葉が遅い こだわりが強い

他の子はよく話すのに、黙り込んでいる。

「お気に入りのズボンしかはかない」と言い張る。

言葉が遅い、こだわりが強いと「自閉症？」と考える方も多いのですが、近年は自閉症スペクトラムと呼ばれるようになり、その診断は、専門家でも難しいものです。問題があると安易に思い込んでしまって、不適切な関わり方をしてしまうのはよくありません（二次障害につながります）。

自閉症スペクトラムは、相互的な対人関係の困難やコミュニケーションの障害、さらに、興味や関心の偏り、といった特徴を併せ持つと考えられています。これらにあてはまるようでしたら、専門家に相談しましょう。ただし、言葉が遅いといっても全然出ないわけではなく、一カ月前よりは増えているなど進歩がある場合は、あまり心配はいりません。

中には「緘黙《かんもく》」と言って、何らかの心理的要因によって言葉が出てこない症状もあります。幼児期は、先に述べたチックや吃音、指しゃぶりや性器いじりなど、いろんなしぐさが出やすい時期で、緘黙もその一つです。まずは、声を発する器官に問題がないかを調べ、問題があるなら治療を、そうでなければ、心の問題が考えられます。

ここで重要なのは、子どもの場合、「これについて悩んでいる」というものを自分で把握するのが難しいということです。何らかのストレスを感じていることは間違いないでしょうから、「ストレスがかかっているかもしれない」という観点から、対応を変えてみるとよいでしょう。

ただし、親が自分のせいにしすぎないことも大切です。「私だってこんなにがんばっているのに、なんで？」と思うと、落ち込んでイライラしてしまうものです。無理に解決しようとせず、子どもと楽しい時間を過ごすようにしてみましょう。

子どもがしたいと思っていることをする、子どもがしゃべりたい話を聞く、という「応答的な関わり」をすれば、変化が見えてくることもあります。

深刻と思われる場合は、心の専門家のカウンセリングを受けましょう。遊んでストレスを発散

こうしてみましょう

発声器官に問題がなければ、子どもの話をしっかり聞くなど「応答的な関わり」を。

こだわりが強くても発達障害などの即断は禁物。「このズボン、今日は洗濯しようね」など、子どもを納得させて対応しましょう。

させる「遊戯療法」や、子どもとどのように接すればいいのかのモデルを見せてくれる「ペアレント・トレーニング」などがあります。

こだわりが強い、人と関わらない原因は、発達障害というわけではなく、生活の中に大きなストレスを感じているからかもしれません。幼児期は充分に遊びを楽しむことでストレスを発散している時期でもあります。

おおらかに構えて、のびのび遊ばせてあげましょう。

友だちの気持ちがわからない

泣いている子を見ても、状況がよく理解できない。

友だちに迷惑がられているのに、話し続ける。

基本的に幼児期の子どもは、人の気持ちを推測することが難しいものです。自分のことで精いっぱいで、友だちの気持ちはどうかな？　と考えたり関心を持ったりしないのです。

喜・怒・哀・楽、それぞれの表情の写真を見せ、答えさせる心理テストでは、4歳までの子は不正解が多く、5歳になってようやく正解するようになります。また、4歳までの子どもは、「自分が知っていることは相手も知っている」と思い、自分の心と他の人の心の区別ができていません。自分は知っているけどあの子は知らないだろう、という推測ができるようになるのは、4歳を過ぎてからです。

人の気持ちがわかるようになるには、まず、その子自身の心が豊かになることが大切です。先にも述べたとおり、自分が感じている気持ちに対して、周りの大人が語彙を与えていくことで、気持ちと言葉がつながっていきます。周りの人が言葉で説明してあげないと、頭の中からいきなり言葉が出てくることはないのです。

「うれしい」「悲しい」「切ない」「すがすがしい」「ワクワク」「イライラ」など……、幸いにも日本語には、感情を表す言葉が豊富です。子どもは、親や周りの大人が発する言葉から、感情を表す言葉を学びます。いろんな言葉で話しかけることで、子どもは気持ちを表すたくさんの言葉を獲得していきます。

親や周りの大人が、「ムリ」「ヤバい」「ウザい」「疲れた」しか口にしない環境で、豊かな心は育ちません。親自身が、豊かな言葉で過ごすよう心がけましょう。

他の人の気持ちに対しても、同じように「○○ちゃんは、きっと悲しかったんじゃないかな？」と話をしていく中で、他の人にも気持ちがあるということを学んでいきます。テレビなどは、一人でずっと見せっぱなしにするのではなく、一緒に観ながらキャラクターの気持ちを

こうしてみましょう

「アイスを買ってもらえなくて、悲しかったんじゃない？」など、他人の気持ちを言葉にして伝えてみて。

絵本を読みながら「どうしてこんなことしたんだろうね？」など、感情について話し合ってみましょう。

話し合う、といったことをするといいでしょう。

　絵本もいいですね。「うさぎさんは、なんでこんなことをしたんだろう？」など、子どもと一緒に話し合ってみてください。

　その際、主人公だけに気を取られるのではなく、端役にも目を向けてみましょう。主人公のお父さんやお母さん、端っこにいる金魚、空に浮かぶ雲は、どんなふうに考えているのかな？　などと質問して、親子でいろいろと話していくことで、子どもの視野は広がっていくはずです。

一人遊びばかりしている

お友だちと遊びたいけれど、声がかけられない。

周りの子と関わろうとせず、「どこ吹く風」で一人遊び。

67ページでも述べたとおり、遊びの関係は、成長とともに発達してきます。1歳の頃はお友だちと遊ばず、ボーッと人の遊びを見ている、まとまりのない「遊びらしきこと」をしている時期です。2歳頃からは、お友だちを意識しながら別々に遊ぶ「平行遊び」が始まり、4歳頃から友だちと一緒に遊ぶ「連合遊び」、5歳を過ぎると役割分担をしながら遊ぶ「協同遊び」ができるようになってきます。

以前は、「一人遊び」は「平行遊び」よりも前の段階の遊びなのに、5、6歳くらいになっても一人遊びをしているのは遅れている、と言われていました。しかし、大人になっても一人遊びをすることはありますが、だからといって、その人に社会性がないわけではないことから、今は何歳であっても一人遊びをすること自体は、大きな問題ではないと言われています。

ただし、「一人遊びばかりしている」の「ばかり」が、どの程度なのかが問題です。友だちと遊ぶときもあれば一人遊びを好むときもある、という程度なら問題ありませんが、友だちと一緒にいるときもいっさい構わずにずっと一人で遊んでいるなら、あまりよい状態ではありません。

そんなとき、心配になって「もっとみんなと遊んだら？」と一方的に声をかけるだけにしていませんか？　親は言葉で伝えるだけではなく、「足場架け」の役目を担ってもらいたいと思います。

お友だちが近くにいるとき、「行っておいでよ」と言うだけではなく、「お友だちの近くで遊ぼうか」と、一緒に近くまで行ってみましょう。そして、子どもは友だちに関心を持たなくても、お母さんお父さんが「どこから来たの？」と話しかけるだけでもいいのです。そういう様子を見て安心できると思えたら、自然に子どもも声をかけるようになるでしょう。

こうしてみましょう

「何ごっこ、してるの?」と親が声をかけてみて。安心すれば、自発的に遊ぶようになります。

親やきょうだいなど、家族で遊びながら、一緒に遊ぶ楽しさが感じられるようにしましょう。

また、中には幼い頃からお母さんお父さんが遊びの相手をしていないので、どうやって友だちと一緒に遊んだらいいのかわからない子もいます。そんな場合は、まずは家族で一緒に遊ぶことから始めましょう。

遊びの環境が整っているかどうかも大切です。きょうだいがいるのに一人遊び用のおもちゃしかないと、一緒に遊べません。ボールやボードゲームなど、一緒に遊ぶとより楽しくなるものを用意するなど、環境を整えてみるのも、ひとつの方法です。

家ではおしゃべりなのに園ではまったく話さない

幼稚園や保育所などでは話そうとしない。

家の中などで、家族とは普通に話す。

71ページでも少し触れましたが、これは「場面緘黙」に当てはまると考えられます。家では話すということは、喉などの器官は問題なさそうです。園ではどの程度話さないのか。また、「無口になる」のと「ひと言も話さない」では、対処が異なります。お友だちや先生との関係が悪化していて、話す人がおらず無口になっているのか、いっさい話さないのかを見分けましょう。場面緘黙は、場面によっていっさい話さない状態を指します。

場面緘黙である場合は、ストレスが多く、極度の緊張状態にあります。対応としてもっともよくないのは、子どもに「幼稚園でも話しなさい」と言いつけること。本人も、なぜこんなことになっているのかがわからない状態なので、「話しなさい」と言われても、なす術がありません。

家では話すけれど園では話さないということは、家ではリラックスできているが園では緊張状態にある、ということの現れです。だからと言って、園や先生を責めるのは得策ではありません。まずは先生に「この子はしゃべらないおかしな子、変わった子」と認識され、関わりが少なくなってしまわないよう理解してもらうことが大切です。園や先生のせいにするのではなく、園での様子を聞いたり家での様子を話したりして情報を共有しながら、先生方と一緒に対応していく方向に持っていきましょう。

親がすぐに怒鳴って対立軸をつくり、先生を敵に回すのはよくありません。周りの大人たちが責め合わず、和やかな雰囲気であることが、子どもにとって安心できる環境です。

親も、子どもが心配だからこそ、相手に攻撃的に言ってしまうのでしょう。しかし本来、先生は味方なのです。親と先生、交代で子どもの24時間を見ているので、先生の意見も教えてくださいと、責めるのではなく相談する姿勢で話しましょう。もし、担当の先生に対して苦手意識があるなら、主任や園長など他の先生に話してみるといいでしょう。

間違っても、子どもを追及することはしないこと。

親はすぐに解決しようとしますが、「どうして？」と聞くと子どもは自分を責められているように感じます。解決を急がず、応答的なコミュニケーションを心がけながら、ゆっくりと過ごすようにしましょう。

こうしてみましょう

「場面緘黙」があるようなら、先生方と情報を共有し、一緒に対応していきましょう。

解決を急がず、応答的な関わりを心がけて、ゆったりとした時間を過ごしてみましょう。

言うことを聞かない

レストランで走り回ったり、待合室で騒いだりするなど、注意しても聞かない。

よく問題行動を起こす、叱っても言うことを聞かない、というしぐさにはいろいろな原因がありますが、一つは「注意引き」の行動であることが考えられます。親に関心を向けてほしいため、わざと叱られる行動をしているのです。

「関心を向けてほしい」というのが本音なので、問題行動を起こすと叱られる＝「親が関心を向けてくれる」というわけで、目論見は成功しているのです。ですから、一度成功を体験すると、これを繰り返すようになります。思春期になれば、「わざとやっている」という自覚が出てきますが、幼児期の子は無意識のうちに行っています。

注意引き行動は「関心を向けてほしい」という欲求が強い原因なので、正しい対応としては、その子がよい行動をしているときに注意を向け、問題行動を起こしているときは過剰に反応しないことです。

大声をあげていない、静かにできているなど、ちゃんとできているときに「今、落ち着いて待っているね」「すごいね、そんなことができるんだ」と声をかけます。大声を出したり問題行動を起こしたりしたときは、「そんなことしちゃダメだよ」と言うくらいにして、しつこく言わないこと。そうすることで、「普段でも注意を向けてもらえる」と認識し、わざわざ問題行動を起こさなくなります。

子どもがちゃんとできているときには、親は「しめしめ、自分のことができる」とほったらかしにして、問題が起きたら「なんでそんなことするの！」と叱っていませんか？　それは、注意引きが成功している状態です。問題行動を起こしていないとき、ちゃんとできているときにこそ、声をかけるようにしましょう。

もしかすると、親の叱り方にも問題があるのかもしれません。子どもに顔を向けて、真摯な声と態度で叱っていますか？　子どもは言葉だけでなく、表情や声色のメッセージも受け取っています。言葉では叱っていても、目はスマホ画面を見たままで他のところを向いている、声色も怒っているのかヘラヘラしているのかわからない、というようでは、間違ったメッセージが届いてしまい、子どもには響きません。

特に、ケガや命の危険があるような行為をしたときは、子どもの顔を見て、表情も声も「真剣である」と響くように、しっかり伝えましょう。

こうしてみましょう

「落ち着いて待てているね」など、「できていないとき」ではなく「できているとき」にこそ声かけを。

スマホを見ながら「ダメよ〜」ではなく、真摯な声と態度で伝えないと、子どもは理解しません。

ふてくされる　落ち込む

負けそうになるとグチャグチャにする。

かけっこで一番になれずションボリ。

負けてふてくされる、落ち込むというのは、児童期の発達を表すしぐさの一つです。幼児期はまだ「負けて悔しい」という概念がありません。そのため、運動会のかけっこでビリだったとしても、あまり傷つかないものです。

しかし、6、7歳頃から自分と他者を比較するようになってきます。発達心理学では「社会的比較」と言います。「○○ちゃんはこれができるんだ」と自分でいろんな人と比較するようになり、勝ったり負けたりを経験して、「負けたら悔しい」という気持ちを獲得していきます。これは、子どもの心の育ちにとてもよいことなので、気にすることなく充分に体験させてあげてください。

しかし、落ち込みっぱなしで一向に回復しないという場合は気になります。誰でも落ち込むことはありますが、大切なのはそのあとに回復していく力を身につけることです。最近では「レジリエンス」とも言われ、生きていく上で必要な力です。

ですので、負けてしょげている姿を見て「そんなに落ち込まないの！」と叱るよりは、「どうすれば次にまたがんばろうと思えるか」という「回復する力」を教えることのほうが大切です。

たとえば、カードゲームなどで負けてしまったとき、悔しくてグチャグチャにすることがあったとします。それに対して、「そんなことしちゃダメ」と注意したり、「こうなるから、もうしない」と決めたりするのは得策ではありません。

そういう行為をしてしまってもいいのです。そのときに、誰がどんなメッセージを与えるかが大切です。「そんなの恥ずかしいよ」「いつも勝つわけじゃなくて、負けるときもあるよ」「勝ったり負けたりの結果だけじゃなくて、遊ぶプロセスが楽しいでしょ？」……。このように、いろんな人からいろんながんばり方、回復の方法を聞いていく中で、自分より幼い子が負

こうしてみましょう

負けて悔しい気持ちは大切。子どもは遊びの中で大切なことを学び、発達します。

「そりゃぁ、負けるときもあるよ」「走り切ってえらかったね」と、子どもに「回復する力」を教えましょう。

けてグチャグチャにする姿を見て「あれは格好悪いな、自分はやめたほうがいいな」と思うようになるなど、生活経験の中でトレーニングしていくのです。

子どもは、遊びの中で大切なことを学び、発達していきます。周りの大人は、日常の遊びが子どもの発達にはとても大切であることをしっかりと認識して、子どもが自分たちだけでコミュニティー（共同体）をつくりながら、同年代、異年齢の子ども同士で遊ぶ機会をつくれるよう見守りましょう。それが、生きていく上で必要な「総合力」を育ててくれるのです。

リビングでばかり勉強する

学習机があるのに、自分の部屋で宿題や勉強をしない。

自分の部屋の学習机ではボーッとして集中していない。

この時期の子どもは、まだ一人で集中して黙々と勉強することは難しいものです。小学校低学年までは、できれば親も一緒にリビングで「今日はどんな宿題？」と声をかけ、「知らないことがわかるっておもしろいよね」と、学ぶ楽しさを教えていくほうがいいでしょう。

「せっかく勉強部屋をつくって学習机も買ったのに、なんで使わないの！」と責めるよりも、「リビングのほうが大きいテーブルがあるし、いいよね」とポジティブに声かけして、お母さんもここで本読もうかな、と隣に座って楽しい時間にするほうがいいでしょう。

リビング学習と個室学習、どちらが効率的かということについて、発達心理学の観点から実証されているわけではありません。しかし一つ言えることは、勉強というものは、長時間机に向かってひたすら記憶していくというものではなく、「時間をかければ、わからなかったことがわかる、知らなかったことを知ることができる」ということに気づき、楽しさを知ることと言えるでしょう。

ですので、個室でそれができる子はそれでかまいませんが、リビングでやりたいという子は、本人がやりたいようにやらせてあげるほうがいいでしょう。

「リビングに子どものものがあると、散らかるからイヤだ」という方がいるかもしれませんが、リビング学習は一時的なものです。宿題やその日の勉強道具一式が入るようなトレーを用意し、「お勉強セット」をつくって移動すれば、お片づけも一緒に学べて一石二鳥です。

インテリアにこだわりを持っていて、リビングを生活感のない、おしゃれな空間にしたいと考えている方もいらっしゃるかもしれませんが、それは大人のエゴでしかありません。物が一つも出ていないような空間は、少なくとも子どもにとってよいものとは一概には言えないのです。

こうしてみましょう

リビング学習は一時的なもの。「今日はどんな宿題？」「一緒に本でも読もうかな」と、楽しい時間に。

オシャレすぎたりきれいすぎたりする空間は、親のエゴかも。散らかっていても「お片づけも一緒に身につける」くらいの気構えで。

いずれにせよ、この時期の子どもは、まだ勉強というものの意味がわかっていない状態。それは、言い換えれば「わからないことがわかるようになる」という「勉強の本質」を、楽しいと思っている真っ最中の時期でもあります。

この時期に勉強に楽しく取り組めるかどうかで、その先の勉強とのつきあい方が変わってきます。

親が「どうしてだろうね？」「おもしろいね」と声をかけながら、子どもにとって勉強を楽しいもの、おもしろいものにしていくためにも、リビングで一緒に勉強をするのがいいでしょう。

「ずるい」ときょうだいげんかばかりする

「お兄ちゃんのほうが大きくてずるい」と不平不満を口にする。
「妹ばっかり……」と納得がいかない。

きょうだいげんかは、子どもの心の発達のために、ぜひとも経験させたいことです。たとえば「取り合いができる」というのは、きょうだいがいるよさでもあり、「ずるい」「ずるくない」ということを考える材料があるのは、いい機会であると言えます。

私が行った「公正感」についての研究では、幼児期は「自分がいちばんたくさん取りたい」という思いが強いのですが、小学生になると「同じ数がいい」と主張するようになります。そのうちに、努力したり貢献したりした人が多くとるべきとか、必要な人にあげたらという考えが出てきます。

たとえば、小3の弟と小6の兄とで食べ物を分けるとき、どのように分けることが公平なのでしょうか？　年上だからお兄ちゃんが多いのが公平なのか？　弟のほうがよく食べるとすれば、弟が多いのが公平なのか？　人にはみな同じ基本的人権があるから、すべて同じにするのがいいのか？　というようなことを、子どもと一緒に親も考えていくと、おもしろいかもしれません。

日本では、「2人なら半分ずつ」「3人だったら三等分」など、大人が「均等分配」で仕切ってしまう傾向があります。そうすると、たとえば「努力したほうがたくさんもらえる」という発想と矛盾します。また、運動会のとき、ケガをしている人も障がいがある人も同じ距離を走るのが、公平なのか平等なのか？　距離を減らすのがいいのか？　そうするとむしろ差別になるのか？……。これらはとても難しい問題です。正解というよりは、みんなで考え、納得した認識を共有していくことが大切です。

「ずるい」と思うことに対して、何をどう「ずるい」と感じているのか、時にはケンカしながらでも、その理由を考えていくとよいでしょう。

もう一つここで大切な観点は、「ずるい」と感じる原因の中に、「親からの愛情」が関わって

こうしてみましょう

「公平」「平等」に唯一の正解はありません。みんなで考えて納得し、共有することが大切。

「愛情の取り合い」ではなく、公平・平等な愛情を子どもたちが実感できるよう意識して接しましょう。

いることです。

「いつも妹ばかり愛されている」「お兄ちゃんのほうが大事なんだ」など、きょうだい間で親の愛情の取り合いが起きていることがあります。

これは何歳になっても起きることで、遺産相続の係争などの根っこにも、「親の愛情の取り合い」が絡んでいることが多いものです。

きょうだいのよさを生かすためにも、愛情の取り合いでいがみ合うことなく、それぞれの子が、親からの愛情を、それこそ公平、平等に実感できるよう、意識して接するようにしましょう。

好きな子にはやさしいのに他の子には意地悪

好きな子を守るために、他の子に強く当たる。

グループ学習で、気の合う子とだけ協力する。

これは、小学校低学年頃の子によく見られるしぐさです。この時期の子どもは、思いやりがある子ほど、おせっかいで攻撃的でもあります。自分の好きな子を守りたいあまり、「○○ちゃんはそんなつもりなかったんだよ！」と、他の子に強く当たって傷つけてしまうことが、よくあるのです。

これは、「自分」と「自分の好きな人」という視点しか持っていないために生まれるしぐさです。

小学校中学年以降になってくると、「自分から見た好きな子」のほかに、「他の人から見た好きな子」という視点もとれるようになり、「好き嫌いだけで判断しない」という意識が働くようになってきます。しかしこれは意外と難しく、大人でも「知り合いには親切だけど、知らない人には不親切」という側面があります。ここで大切なのは、「好き嫌い」と「親切」は別だということです。

好きな子だから親切にするという考えは、知らない人には親切にしなくてもいいということになります。こう考えるのは、ある意味では自然なことで、放っておくとそうなります。ですので、周りの大人が、そうではないことを伝える必要があります。たとえば、理科の実験を5人のグループで行う場合、好き嫌いだけで一緒なわけではなく、5人それぞれに役割があって、力を合わせて協力するために一緒にやるのだ、ということです。

このような考え方ができるようになるためには、DVDや映画などを、うまく教える教材として使うといいでしょう。たとえば、やさしくされず、さみしそうにしている登場人物を指して、「この子、どう思ってるかな？」と問いかけてみます。そうすることで、普段自分がしていることを俯瞰的に見られるようになっていくでしょう。

「人が傷つくような意地悪は、決してしてはいけない」としっかり伝えることが大切である一方で、気をつけてほしいのは、「みんな仲良く」を強要しすぎないことです。親は理想を語

こうしてみましょう

絵本などで不遇のキャラクターを指して、「この子、どう思っているだろうね？」と問いかけてみて。

「好き嫌い」と「親切」「協力」は別物。互いに敬意を払い、必要なときに協力する大切さを学ばせましょう。

りがちですが、子どもはそれが正しいとわかりながらも、仲良くしたい子もいればそうではない子もいる、と感じています。すると、まじめな子ほど「私って意地悪なのかな？」と自分を責めてしまうのです。

「みんな仲良く」とは、みんなを好きにならないといけないわけではなく、互いに敬意を払い、必要なときに協力することの大切さに気づくことです。そのスキルを獲得することが社会で働くうえで必要であると伝えていきましょう。協力し合っていれば、自ずと仲良くなることもあるのです。

同じ間違いばかりしてくる

同じ間違いを繰り返すが、ピンと来ていない様子。

「前と同じ間違いしちゃったなー」と気づいている。

この行動については、「メタ認知」ができているかどうかを見てみるといいでしょう。

メタ認知とは、自分自身がどう考えているか、どう覚えているかなど、自分が自身について把握できているかということで、アメリカの心理学者によって1970年代に定義されました。

「同じ間違いばかりしているな」と自分で気づいているなら、メタ認知ができており、そのうち、なぜだろうと考えるようになるでしょう。

しかし、同じ間違いを繰り返していることに気づいていない場合は、「こういう問題は、よく勘違いしているね」と声をかけるなど、同じ間違いを繰り返していることに気づくように促してあげるとよいと思います。

メタ認知ができるようになるためには、まずは「自分で自分をモニターすること（モニタリング）」が必要です。モニターするとは、自分がどんなときにどんなことを考えるのか、どういう感情が起きるのかを、意識して見ていくことです。子どもはいきなり自分一人でできるようにはならないので、親が声をかけながら、親子の会話を通して探っていくといいでしょう。

テストの場合で言うと、どんなときにどういう間違いをするかを、注意深くしっかり考えてみることです。問題を間違って読んでしまっている、自由記述のときに必ず失点するなど……、どういう間違いをするのか、分析してみましょう。

モニターして分析したら、次に間違えないようにするために、コントロールする力が必要です。「問題を読み間違える」と分析した場合は、「しっかり読むように気をつける」など、コントロールしていきましょう。モニターしてコントロールできる力がついてくると、メタ認知ができるようになります。

メタ認知ができると、勉強も効率よくできるようになっていくでしょう。自分でどこがわからないかを認識できているので、わからないところを中心に勉強すればいいからです。

逆に、メタ認知ができていないと、「どこがわからないかもわからない」ため、全部やらなければならなくなってしまいます。

メタ認知ができるようになるのは、だいたい9〜10歳以降です。その前の幼少期から、自分の考えや気持ちを客観的に探っていくような会話を意識することで、自然と身についていくものです。

こうしてみましょう

「11からの繰り下がり、いつも勘違いしているよ」「おさらいしてみようか」と、同じ間違いを繰り返していることに気づかせてあげます。

「早とちりしちゃうんだよね」と分析できたら、「しっかり読むといいよ」とアドバイス。メタ認知が育つよう、何がわかっていなかったのかに自分で気づき、解決できるよう促します。

口をきかない

声をかけても返事をしない。
食事や団欒《だんらん》の場でも黙っている。

思春期に近づくにつれ、うれしい、悲しいなどの感情を家族にあまり話さなくなるというのは、よく見られることです。その理由は複雑で、家族に心配をかけたくないという気持ちがある一方で、話すのが面倒と思ったり、他にも、人に言うほど整理できていない、自分の中でも混乱していて気持ちを受け止め切れていない、みじめな自分を親に知られたくない、解決の仕方がわからず戸惑っている……など、さまざまな気持ちが渦巻いている状態です。

親としては心配かもしれませんが、こんなにも複雑な気持ちを持てるようになったというのは、それだけ成長しているという証です。幼少期はここまで深く考えられませんし、考えていたこともすぐに忘れてしまうものです。まずは、わが子の成長を喜びましょう。

その上で気をつけてほしいことがあります。

それは、すぐに解決しようと急がないこと。親は、早く事態を理解して判断し、時には裁いたり咎めたりして解決を求めがちです。しかし、「口をきかない」というのは子どもが成長しているからこそ起こる行動と捉えられ、嫌なことを受け止めてどう凌いでいくか、どう対応していくかを学んでいくための一つの経験です。

親としてなすべき対応は、まず、共感すること。「そんなこと言われて悲しいよね」「悔しいよね」と、子どもの気持ちに寄り添う言葉をかけましょう。その上で、子どもが言いたいことがあれば、よく聞いてあげるようにします。

話を聞きながら、相手に明らかに非があっても、こちらに問題があると思っても感情的にならないで、大人として事態を冷静かつ客観的に受け止め、解決方法について、「こうするのはどうかな？」と具体的に提案していきます。

ここで、注意しておきたいポイントは二つです。

こうしてみましょう

口をきかないのは成長の証。わが子の成長を喜びましょう。

子どもを責めない。対応を急がない。子どもの気持ちに寄り添う言葉をかけ、しっかり話を聞いてあげて。

まず、子どもを責めないこと。子どもが話さなくなる理由の一つに、「これを言うと親に責められるかもしれない」という思いがあります。

そして、解決を急ぐあまり、相手に電話するなど親主導で対応を急がないこと。「母親に言ったら責められる」「父親に言ったらすぐ相手に電話する」などと思うようになると、いっそう話さなくなっていきます。「親は話をちゃんと聞いてくれる」と子どもが思える存在に、少なくともお母さんかお父さん、どちらかがなれるようにしましょう。

やる気がなく ゴロゴロしている

思うように上達せず、自信をなくして無気力に。

失敗の連続。やる気をなくしてダラダラ……。

これは、発達心理学の観点からは、「原因帰属理論」で説明できます。次ページの表をご覧ください。人は、失敗したときに原因を考えるクセがありますが、それを自分のせいにする人と、自分以外のせいにする人に分かれます。

自分のせいにする場合でも、自分に能力がないと思う人もいれば、努力が足りなかったと思う人もいます。自分以外のせいにする人の中でも、運が悪かったと思う人もいれば、課題が難しすぎたから、と思う人もいます。「能力」「課題の難しさ」は、「安定」要素で、「努力」「運」は「不安定」要素です。

やる気がなくなっている子というのは、「内的で、かつ安定した要因」、つまり「自分の能力」に原因を求めていることが多いのです。そのため、自分はバカだ、能力がない、しかも変わりようがないと思っているので、「やっても仕方がない」となってしまっている状態なのです。

大人は、このようにやる気をなくしてゴロゴロしている子に対して、「がんばれ」と声をかけるでしょう。この「がんばれ」というのは、「がんばらなかったからできていないけど、がんばればできるよ」という意味。つまり、原因を能力ではなく「努力」だと考えようという促しと考えることができます。

ですから、決して悪い言葉かけではありません。しかし、「がんばれ」だけでは不充分で、大きな落とし穴があります。「がんばれ」という言葉をかける際には、「成功体験」をあげることが必要なのです。がんばってもやっぱりダメだったという失敗経験が重なった場合には、その反動で、また原因を能力のせいにしてしまい、いっそう無気力になってしまうこ

	内的	外的
安　定	能力	課題の難しさ
不安定	努力	運

こうしてみましょう

「がんばれ」ではなく、「シュート練習をしっかりすれば、次は決められるよ」など、具体的なアドバイスを。

もうちょっとでできそうな、ココまでやってみようか――目標はスモールステップで設定し、できるようになる喜びを。

とがあります。これを「学習性無力感」と言います。

成功経験をさせてあげるには、「最近接領域理論」を活用するとよいでしょう。子どもの実力を見極めた上で、それに見合った目標を設定してあげます。

たとえば、テストで10点は取れる子であれば、がんばればできそうな15点とか20点を、まず目標にするのです。

スモールステップによって、できるようになる喜びを知れば、子どももがんばることが好きになっていくでしょう。

楽しみのはずなのにソワソワしている

算数テスト
体育の授業は楽しみだけど、算数のテストはイヤだなぁ……。
待ちに待った遠足。でも、おトイレが不安……。

児童期の中盤になってくると、子どもはポジティブとネガティブな感情を、複数同時に抱えるようになります。つまり、「入り混じった感情」に気づきはじめます。しかも、時間を展望する力が発達するので、「午前は楽しみだけど、そのあとはあれがあってイヤだなぁ」と思うこともできるようになります。

また、経験が増えたことから、「去年も〇〇は楽しかったけれど、

▲▲はイヤだった」など、過去の経験と照らし合わせて考えるようになるなど、さまざまな感情が混じり合って興奮し、落ち着かなくなることも少なくありません。

これもまた、発達を表しているしぐさです。幼少期は、ただ楽しいことしか思いつかなかったのが、このようにいろんなことを考えられるようになったのですから。

子どものネガティブな感情を、親がどれだけ許容できるかが、子どもの育ちに影響を与えると言われています。泣いたり暴れたりするようなグチャグチャな感情に親が耐えられず、「絶対泣いちゃダメ！」などと過剰に反応すると、子どもは自分の感情にどう対応すればいいのか、わからなくなってしまうのです。

ネガティブな感情にも、よい意味があります。人類がこれまでサバイヴしてこられたのは、ネガティブな感情があったからだと思われます。いつもヘラヘラしていたら、危機を察知できず死んでしまいます。何かが襲ってくるかもしれない、あの人に裏切られるかもしれないといったリスクを認知したからこそ、乗り切ってこられたわけです。

こうしたことを認識した上で、子どもの気持ちにネガティブな不安などが強い場合には、ユーモア感覚を持った対応を考えていけると、よりいいですね。その子の状態に合わせて、どんな対応が合うのか、考えてみましょう。

おまじないのような心の拠り所があると安心できる子には、「手に人の字を書くといいよ」

とアドバイスする一方、どちらかというと科学的なアドバイスのほうが響く子もいます。

また、もっと合理的に「トイレだけは必ず行っておくといいよ」といった、現実的なアドバイスが効く場合もあります。

子どもは一人ひとり気質が異なるので、その子にフィットする対応ができれば（コーピングと呼ばれます）、あとは「なるようになるよ」と、親はある程度大らかであるほうがいいと思います。

こうしてみましょう

子どもの抱くネガティブな感情にも、ユーモアや大らかさで対応できるといいですね。

「バスに乗る前には必ずトイレ」「不安になっても早めに言えば大丈夫」「きっと楽しいよ」と現実的なアドバイスで安心させてあげて。

登校しようとすると お腹が痛くなる

登校前に必ず具合が悪くなる。

登校時間になっても寝床から起きられない。

子どもは、何らかのストレスを抱えていても、それを自分でストレスと認識することが難しく、自分を客観的に見る力や表現する力も未熟なものです。そのため、「何か、自分でもわからないけど嫌なものがある」という状態になり、それが「心身症」として体に表れやすいのです。

心身症とは、ストレスが蓄積されたために身体に疾患が現れた状態を言います。そのメカニズムはまだ解明されていませんが、自分の弱いところに影響が出やすいようです。もともとお腹が弱い人はお腹が痛くなりやすく、熱が上がりやすい人は発熱として現れます。

「なんでまたお腹壊すの！」といちいち追い込むようなことはいけませんが、かと言って、過剰にオロオロしたり気を遣ったりと、大げさに取り上げすぎるのもよくありません。子どもの心をよけいに不安定にしてしまいます。

お腹の病気があるといけないので念のため受診して、病気でなければあとは大らかに構えるとよいでしょう。プラシーボ効果で、整腸剤を飲ませるとケロリと治ることもあります。

親は心配になるあまり、すぐに「解決しないと！」と原因を探しがちですが、子ども自身にも原因がわからないことが多いのです。親が「解決、解決」と大ごとにしてしまうと、子どもはまた過敏になってしまいます。

ただし、聞くことがすべてダメだというわけではありません。お風呂や寝床など安定しているときに、「学校で嫌なこととか困ったこと、ある？」と聞いてみるのはいいでしょう。その際、「お母さんは長く生きているから、なんでも話してくれていいよ」というメッセージを、さりげなく伝えておくといいでしょう。

「相談すること」を大げさなこととして捉えるのではなく、日常的にいつでも話せる雰囲気をつくっておけるといいですね。気軽に話していいんだ、親はいつでも味方だ、と子ども自身

こうしてみましょう

解決を急ぎすぎず、「困っていること、ない？」と聞いてみるなどして、「相談に乗る」というメッセージを伝えてください。

安易な憶測は避けて、「いつでも味方だよ」「なんでも話してくれていいよ」という雰囲気づくりを。

が感じられる雰囲気が大切です。

もう一つ気をつけたいのが、子どもは親が言うことをそのまま思い込むことがあるということです。

親が「あの子にこうされたことが原因なんじゃないの？」と言ったことを、そのまま鵜呑みにしてしまい、子どもの中でそれが原因として後づけされてしまうのです。

そうならないためにも、親が安易に憶測を言葉にするのは避けましょう。

自分から話そうとしない

声をかけても、関心を示そうとしない。

不安そうにしてふさぎこんでいる。

これは、100ページと同様に、さまざまな理由が入り混じっています。考えられる理由は、以下のようなものです。

・家族がすぐ遮ったり裁いたりするコミュニケーションのパターンに陥っている。

・自分が何を考えているのか、明確にできないので話せない。

・実際には考えていることはあ

るけど、それをどう表現するのかわからない。

・こういうことを言ったら親はこう言うから、どういう話し方をしたら親はわかってくれるかと考えている。

・こういう場合は周りが察するべきじゃないかと、親の反応を見ている。

「なんで話さないの？」と子どもを責めても、事態は悪化するばかりです。まずは、テレビアニメの話や芸能人の話題など、全然関係のない話題でいいので、機会を見つけて話をするといいでしょう。

コミュニケーションというものは、何も「会話をする」ことがすべてではありません。ゆっくりした時間を過ごせる場所に出かけて、散歩したりキャッチボールしたりしながら、なんとなく「感じ合えているな」という感覚が取り戻せたら、それは充分なコミュニケーションです。すると、何かのタイミングで、「あのね……」とポロリと話し出すかもしれません。

また、この時期以降は多感になっているので、日常の中でいい映画を一緒に観て、そのあとよもやま話をしてみるのもいいですね。「あれってどう思った？」と聞いたり、「お母さんはあのシーンでびっくりしちゃったんだよね」と話したりと、押しつけがましくない範囲で接していると、話しやすい関係性が築きやすいでしょう。映画を観ているといろんな考えが出てきま

こうしてみましょう

子どもを責めず、テレビやDVDを見ながらさりげなく言葉を交わしてみて。

休日の散歩や遊びなどで「感じ合えているな」という感覚を共有するのも、立派なコミュニケーション。

すし、感想を言い合うことで、普段正面切って話すのは難しいそれぞれの哲学や考え方なども話し合う機会になります。

もう一つ心がけておきたいのは、「いつでも話を聞くよ」というメッセージを伝えておくこと。「お母さんはいつも忙しそうだから、話しづらい」と感じている子が多いのです。

お母さん、お父さんって忙しそうにしているかもしれないけど、あなたが元気なことがいちばん大切だから、いつでも遮って話してくれていいんだよと、言葉や態度で伝えるようにしましょう。

友だちはいるのに 友だちのことで悩む

友だちに誘われても「本当はあの子と一緒にいたいのに……」と浮かない顔。

キッズ携帯の文字のやりとりなどで誤解が生じてトラブル。

どの年齢においても、人間関係は大きな悩みです。それも、知らない人との間で悩むことはあまりなく、たいていが親しい関係の中での問題であるために、悩みが生じやすくなります。つまり、友だちがいるからこそ、悩むわけです。

とりわけこの時期は、学業や進路よりも対人関係の悩みが大きいもの。ひと昔前の発達心理学では、小学校高学年頃の子どもは、同じ行動をすることで一体感が得られる「ギャンググループ」と呼ばれる関係を築き、その後、中学生頃になると、趣味や好みなどを共有し合う「チャムグループ」に変化していくとされていました。しかし、子ども同士が一緒に遊んだり行動を共にしたりする機会が減少していることから、近年ではギャンググループがなくなり、高学年ぐらいから、共通の趣味や話題を持つ2、3人ずつのチャムグループになっていると言われています。

特にこの時期、学校のクラス内は、大人の目からは見えにくい構造や人間関係が存在します。その特徴を捉えた言葉の一つに、「ヤマアラシのジレンマ」があります。この時期の子どもは、親友だと思うと、とことん親しくなりたいという気持ちを持っています。そのため、束縛がきつくなり、葛藤しがちです。

誰よりも○○ちゃんの親友になりたいという思いから、お互いに束縛し合います。少し他の子のところに行こうとすると、「裏切り者!」と責めたり自分は捨てられたとショックを受けたりしてしまうのです。これは、基本的に誰にでもある心理です。

また、特に女子は仲のいい友だちと、うれしかったこと、悲しかったことを常に話し合って反芻する、「共同反芻」という特徴が強くあります。悩みや不安、不満をいつも話し合っているから、余計に深刻化していくという状態に陥ってしまうのです。

さらに最近では、SNSなどが原因となった友人関係の悩みが多く出現しています。対面で

こうしてみましょう

チャムグループ化も成長の証。親しいからこそ、悩みも生まれます。

字だけではミスコミュニケーションが生じがち。相手のメッセージを総合的に受け取れるコミュニケーションが大切です。

コミュニケーションする場合は、話し方や声のトーン、表情など、ノンバーバル（非言語）なしぐさが含まれるので、「キライと言ってるけど、本心じゃないな」など、メッセージを総合的に受け取ることができます。しかし、ＳＮＳの場合は限定的にしか受け取れず、ミスコミュニケーションが頻繁に起きてしまうのです。

　また、グループチャットなどの問題もはらんでいます。スマートフォンが原因と考えられるしぐさについては、１２７ページで詳しく説明しますので、そちらもお読みください。

いつも消極的

サッカーに誘われても「ボクはいいや」と断る。

自分に自信が持てず、積極的になれない。

失敗を怖がるというのは、他人からの評価を気にしすぎていることを表すしぐさです。これは自己肯定感が低く、自分に自信が持てないため、人からの評価に重きを置いてしまっている状態です。

この時期の子どもたちにとって、自信の元は、①勉強ができる、②スポーツが得意、③友だちから人気があるという大きく3つの要素に起因しています。この3つのどれにも当てはまらないと感じている子は、自分に自信が持てず、自己肯定感が低い傾向にあります。

自信の元を大きく3つに分けましたが、たとえばスポーツといってもサッカーもあれば野球もあり、マラソンもあります。野球はダメだけどサッカーは好き、球技はダメだけど長距離走は得意、という場合もあるでしょう。また、野球の中にも、攻撃は苦手だけど守備は得意とか、ホームランはあまり打てないけれどヒットは打てる、ということもあるはずです。このように、3つの要素をさらに細分化していけば、「全滅」する人はいないはずです。言い換えると、細分化して広げていけば、必ず自信を持てる要素が見つかるはずなのです。

漢字の読みは得意だけれど書くのが苦手、という子に対して、「漢字を書く」という細分化された要素をあげつらって、「あなたは国語が全然ダメ」「本当に勉強できないよね」と、「国語」「勉強」という大きな要素から否定してしまっていませんか?

もう一つ、自己肯定感を考える上で、理解しておいてほしいことがあります。それは、常に「ベリーグッド(Very Good)」でなければならないと思っていないか? ということです。自尊心について研究してきた高名な心理学者によると、自己肯定感はベリーグッドではなく、「グッドイナフ(Good Enough)」が大切だということです。「とてもよくできる」ことを求めるのではなく、「まあまあ、これくらいできたらOK」という感覚を子どもに持たせることが大切なのです。

こうしてみましょう

フォワードは苦手でもゴールキーパーは得意など、細分化すれば自信を持てる要素が必ず見つかります。

自己肯定感は「ベリーグッド」ではなく「グッドイナフ」が大切。やる気や自信につながります。

　これは、親自身にも言えることです。完璧な母、完璧な妻や嫁でないといけないと思い、そうでないから「私って全然ダメ」と思っていませんか？　自己肯定感が低い親の下では、子どもの自己肯定感も低くなる傾向にあります。ある程度できていればOKと、グッドイナフの精神を大切にしましょう。

　自己肯定感が高まれば、人の目を気にすることなく「1年前の自分と比べて」と、他ではなく自分の内の変化を見ることができるようになるはず。そしてそれが、やる気や自信に結びついていきます。

顔にニキビができて ふさぎがち

顔の吹き出物を気にしてばかり。

理想とのギャップなどで、「この世界で自分だけが苦しんでいる！」。

大人からすると、「誰もあなたの顔なんて見ていないよ」と思いますが、この時期の子は、ニキビ一つできただけで、「通りを行く人みんながこのニキビを見ている」という感覚になっています。

これを「想像上の観衆」と言い、それだけ自分のボディイメージ（身体像）や、人からどう思われているかが気になる時期であることを表すしぐさです。

異性に興味が出てくる時期であ

ると同時に、友だち関係でも、外見で「イケてる」「イケてない」と判断してグループが決まるという残酷な現実もあり、いっそう自意識過剰にならざるを得ないのです。

また、「個人的寓話」を持ちやすい時期でもあります。これは、たとえば自分が苦しい思いをしたら、「こんな苦しみは自分しか体験していない」と感じ、世界の中心は自分にあると思い込むことを言います。「自分は特別で独自なものだ」という考えは、この時期によく見られるしぐさです。身近な大人は、このような思春期特有のしぐさを「バカげている」と捉えるのではなく、そういう時期なんだと理解してあげることも大切です。

対応の仕方に、ただ一つの答えがあるわけではありません。「ニキビがあってもかわいいよ」と声をかけても、「実際にイヤなものはイヤ」と一蹴されることもあります。神経質になりすぎない程度なら、ニキビ対策に協力してあげるのもいいでしょう。

ただしこの頃になると、親に聞くより友だちに聞いたり、自分なりにインターネットで調べたりするほうを好むかもしれません。その際は、ネット情報の探し方を親として伝えておきましょう。エビデンス（根拠）が怪しかったり、最終的に高額商品を買わせるためのページであったりする場合も多いものです。「こういうサイトを見たほうがいいよ」「これは怪しい」と、現実的なことを伝えておくことが大切です。

ニキビのように周りから見えるものは親も気づきやすいのですが、表に出ていない身体的な

こうしてみましょう

神経質になりすぎない程度で、対策に協力するのもよし。情報の探し方・見方を教えてあげて。

ものごとの解決方法や人生哲学は、少しずつ自分で獲得していくもの。見守りながらヒントを与えましょう。

ことで悩むというのも、このあとの思春期・青年期にはよくあることです。

これについても、解決の答えがあるわけではありませんが、映画や小説などから間接的なヒントを得るというのは有効な方法です。主人公が気にしすぎてダメな方向に行ったり、うまく乗り越えたりしていくのを見て、何かを感じ取っていくかもしれません。

解決方法や哲学は、少しずつ自分で獲得していくものです。親はそばで見守り、ヒントをさりげなく与えられるといいですね。

感情を出さない

「ホラホラ」と声をかけても、どこかうっとうしそう。

父親が注意しても、知らん顔。

100ページでも述べましたが、この時期になると児童期前半よりもさらに、親に話しても仕方がない、面倒くさいなど、複雑なことを考えるようになります。

一つ考えられるのは、人間関係のプライオリティー（優先順位）が、親から友だちに切り替わっていっているということ。これは健全な成長です。親はさみしいかもしれませんが、だからといって親を捨てるわけではなくて、結局大事なのは親だと思っている側面も残っています。

親はもう、友だちの代わりにはならなくなってきているのです。わが子が親以外に信頼できる友人（こうした存在を『シグニフィカント・アザーズ（Significant Others）』と言い、人格形成に重要な意味を持つ人物を指します）に出逢えたのだと、その成長を喜んで、これまでの自分の子育てに拍手を送ってください。

ただし、心配なケースもあります。一つは、「イヤな気持ちを吐き出してはダメ」と思い込んでいる場合です。まじめなタイプの子に多く、無理をしてでも笑っていたほうがいいと思い込んでいて、それがおかしな処世術になってしまっていることがあります。１０７ページでも説明したとおり、「ネガティブな感情は悪いものではない」というメッセージを、日頃から伝えていきましょう。

もう一つ考えられるのは、家の中での諍いがパターン化している場合です。たとえば、きょうだいで言い争いになって、そこにお父さんがやってきて「やめろ！」と言ったらもっとひどいケンカになって……、というように、気がついたらいつも同じパターンの諍いになっていることはありませんか？

これを繰り返すことで、どうせ同じパターンに行き着くなら、この家族では何をやってもムダ、となってしまっているかもしれません。こうなると、「もうこの家族の輪から外れます」

こうしてみましょう

親離れは自立に向けた第一歩。成長を喜び、自分たちの子育てに自信を持ちましょう。

家庭内の諍いや叱責がパターン化しているなら、変えてみる努力が必要。

という極端な判断をしてしまう子もいます。

「そうかもしれない」と気づいたら、気づいた人がパターンを変えるしかありません。それがお母さんであってもお父さんであっても、気づいた人が「今日はケンカを制するのをやめてみよう」と行動を変えてみましょう。

いずれにせよ、いつまでも親に何でも許諾をとらないといけない、というほうが不健全です。

感情を出さなくなる、話したがらなくなるというのは、自立に向けた第一歩。親は、その歩みを静かに見守れるといいでしょう。

スマホやゲームが手放せない

緊急連絡や護身用に与えたつもりのスマホ。声をかけても夢中。
勉強そっちのけで、深夜までポータブルゲームに熱中。

昨今の小中学生におけるスマホの存在感は、想像を絶するものがあります。「友だちがすべて」という対人関係にとらわれ、友だちの様子をすべて把握しておかなければならないという完璧性、先に会話から外れることによって〝のけ者〟にされるのが心配、生真面目な子は会話を自分で終わりにしないと気が済まないなど、強迫的になっている傾向があります。

対処としては、学校と協力しな

がら情報モラルについて話し合い、ルールを設定していくことです。このとき、ただルールを話すのではなく、悪い例を見せるといいでしょう。「夜中まで動画を観ていて寝不足になり体を壊した」「先に寝た、寝てないで友だちと揉める」など、客観的に見ると明らかに「バカバカしい」「ほどほどにしておいたほうがいい」と感じることができます。

この時期の子は、「ルール＝大人が勝手に押しつけてくる面倒なもの」と思いがちです。しかし、大人は意地悪してルールを押しつけているわけではなくて、子どもが不幸にならないように、子どもを守るために設定しているのです。それが理解できていないと、いくらルールを決めても、「面倒くさいことを大人は言ってくる」と思うだけで、抜け穴をつくって守らなくなってしまいます。

数十年前、テレビが世に出はじめた頃は、「子どもがテレビの前から離れない」と社会問題になりました。次にゲーム、そして今はスマホです。このように、その時代その時代で、「子どもがやめられないもの」があったのです。

本来「モノが世の中にある」こと自体は「悪」ではないのです。人とモノが共存する中で、いかにコントロールして使えるかを学べる教材だと思うといいでしょう。面倒なことですが、親は子どもが自律してマネジメントしていけるよう育てていかなければなりません。その過程で怒ることが何回かあるかもしれませんが、できるようになる術を、アイデアを出しながら教

こうしてみましょう

利用にあたってのルールを決めるとともに、悪い例やトラブルを見せ、ルールの必要性を理解させます。

「デジタルの時間」と「それ以外の達成感」をバランスよく体験させることが必要です。

えていきましょう。

デジタルの時間から離れて、スマホ以外に自分の好きなこと、やりたいことで達成感を味わえるといいですね。

デジタル以外の達成感を充分に体験している子は、スマホに多少ハマりそうになっても、「これくらいでやめておこうかな」と思えるもの。

一方、そういう経験をあまりしていない子は、ハマりやすい傾向があります。依存防止のためにも、デジタル以外の経験が、とても大切なのです。

身だしなみが乱れてきた

だらしなくなり、ボーッとしていることが多い。

生活リズムが乱れはじめ、元気がない。

身だしなみを構わなくなる、というのは、心や体に疲れを感じていることが表れているしぐさと考えられます。身だしなみだけでなく、朝、起きられなかったり時間にルーズになったり、まったく片づけられなかったりなど、これまで習慣化してできていたことが、できない状態になっているということは、背景に何らかの問題があることが考えられます。

朝、決まった時間に起きたり、

歯みがきをしたり、今日は何を着ようかなと服装を考えたりするのは、元気があれば他愛ないことですが、元気がないときにはそれが結構なハードルになるのです。

「元気をなくしている」というサインを読み取ったら、「元気がないみたいだけど、どうしたの？」と声をかけてみるといいでしょう。乱れの程度にもよりますが、それほど極端に乱れていないのであれば、話を聞いて気にかける程度で過ごして問題ないでしょう。

予防法としては、日常をある程度「ルーティン化」することが大切です。日常生活において、家を出る時間はバラバラだとしても、なんとなくみんな同じぐらいの時間に起きて、一緒に朝ごはんを食べて、という「当たり前のリズム」をキープすることが、乱れの予防になります。しかしこれは、子どもだけではできません。親の働き方でいろんな生活パターンがあるかとは思いますが、少なくとも朝起きたら歯をみがいて、みんなで食事……という基本は維持できるようにしましょう。

服装や生活リズムの乱れが気になるのは、非行につながりやすいからです。きれい好きで生活リズムが整っている状態で、問題行動を起こす人は稀。そこに非行への種が芽吹いていないか、気をつけて見てみるようにしましょう。

少し話が逸れますが、この時期は、女子であればブラジャーをつけはじめるタイミングでもあります。ある下着メーカーが、最初のブラジャーを母娘で一緒に買いに行くか、母親が買っ

こうしてみましょう

心や体が疲れているのかも。「元気がないみたいだけど、どうしたの？」と声をかけて見守ってあげてください。

家族そろって同じ時間に朝食をとるなど、生活の「当たり前のリズム」をキープすることが効果的。

てくるか、娘が一人で買いに行くか、という調査をしたのですが、3つのパターンの中で「母娘で一緒に買いに行く」という群が、長期的にもっとも良好な母子関係が続くという結果が出ているようです。

なお、最初のブラジャーを、母親は「子どものほうからほしいと言い出すかな？」と思って待ち、娘も「お母さん言い出してくれないかな？」と待っていることが多いようです。長期的な母娘関係のためにも、「最初のブラジャー」をうまく活用できるといいですね。

あまり食べなくなる

容姿を気にしているのか、まったく食べようとしない。

食事のほかに、間食がやめられない。

「食べる」ということも生活習慣の一つですが、先ほど登場した服装や生活リズムの乱れよりも、背景にある問題は深刻で複雑です。「摂食障害」の可能性があるからです。

　まずは、胃腸など身体的に病気がないかを調べます。特に問題がなければ、悩みなど心の問題が背景にあるかもしれません。このとき、「ちゃんと食べなきゃ体に悪いよ」と正論を言ったり、「食べさせたい」という思いが強すぎて、食事に固執した声かけばかりしてしまったり、となると逆効果です。「悩みでもあるのかな?」とやさしく聞いて、子どもが話しそうなら、ゆっくりと聞いてあげましょう。

摂食障害になるきっかけは、さまざまなことが考えられます。友だちに「太ってるね」などと容姿のことを言われたり、大人になりたくないという思いが原因になったりする場合もあります。お母さんとの関係に原因があるという説もあります。

食べないことを徹底し、「やせる」という成果が挙げられると、「コントロールできていること」に快感を覚えるようになります。目標を達成したあとでも、そのコントロール状態に快感を覚えると、極端な「やせすぎ」までいってしまいます。こうなると、認知のゆがみが始まります。周りから見ると「やせすぎて全然きれいじゃない」状態にまで至っているのに、本人は「美しい」と思っている状態です。ここまでくると、事態は深刻です。

摂食障害になっているかどうか、目安になるチェックリストがありますが、項目には、「給食を食べない」「自分の腕や脚が太いと言って不機嫌になることが多い」「一日に何回も体重計に乗ったり、体重が減っているのに、まだ自分が太っていると主張したりする」「人と一緒に食べるのを拒む」などがあります。

「食べだしたら止まらなくなる」「大量の食べ物をため込む」「短期間で家の食べ物がなくな

こうしてみましょう

ママも
食べなくて
おばあちゃんに
怒られたなぁ

「悩みでもあるのかな？」とやさしく聞いてみて。自分の体験を話すのも効果的です。

摂食障害などが疑われる場合は、ためらわずに専門機関で受診してください。

る」など、過食のサインもあります。体重がかなり落ちる、親の言うことを聞かない、という場合は、ためらわず専門機関で受診しましょう。

そこまで深刻ではないと思われる場合は、お母さん自身の体験を話すことが有効です。「お母さんも昔やせたくて『りんごダイエット』して、おばあちゃんに怒られたなぁ」など、親のありのままの話が、子どもに響くことがあります。

その子の性格や状態を見て、どういう対応がいいか、バリエーションを考えて接するといいでしょう。

「嫌われている」と言う

「○○ちゃんを怒らせちゃった」とひどく落ち込む。

友だちにからかわれて、「どうせ僕なんて」と投げやりになる。

子どものほうから言ってきたのであれば、まずは話を聞きましょう。ポイントは、「どういう出来事から、嫌われていると思ったか」です。

子どもは視野が狭く経験も少ないので、その出来事の解釈を誤っているのかもしれません。子どもが「嫌われた」と感じたエピソードが、大人から見ると「たまたまそういう言い方になっただけかもしれない」と気づくことがあります。また、自分の気持ちと相手の気持ちを混同して、主観と客観が入り混じってしまっているのかもしれません。

解釈の違いについて考えるとき、「社会的情報処理理論」というものがあります。たとえば、歩いていて肩がぶつかったとき、「ごめんなさい」と謝る人と、「何すんだよ！」とキレる人がいます。「肩がぶつかった」という出来事は一つなのに、解釈が異なるのです。攻撃的な気質の人はいつでも「相手がわざとやってきた」と考えがちですし、逆に消極的な人は「自分がぼんやりしてたから」と考えがちです。このように、双方一つの解釈しかないと、思考が硬直しがちです。解釈にはさまざまな側面があることを教えていくといいでしょう。

「あなたのその受け取り方は、間違ってるよ」と一方的に言われると、子どもは話すのが嫌になってしまいます。「そういうふうに受け取ることってあるよね」「でも、もしかしたら、相手は朝、お母さんに怒られたから、機嫌が悪くて怒ったのかもしれないよ」というように、解釈のバリエーションを提案するといいでしょう。

解決法にも、バリエーションがあります。相手の言動の原因がはっきりしないなら、「怒らせちゃったけど、何か嫌なこと言っちゃったかな？」と聞いてみるのもいいかもしれません。意外とすぐに解決することもあります。

135ページでも述べたとおり、「お母さんも小学生のとき、お友だちに嫌われちゃったこ

こうしてみましょう

「何か怒らせちゃったかな？」と勇気を出して聞いてみると、意外とすぐに解決することもあります。

「そういうときって、落ち込むよね」と共感しつつ、「もしかしたら誤解かもよ」など、解釈のバリエーションを提案しましょう。

とあるんだよね……」など、ここでもお母さん、お父さんの経験を話すのがいいでしょう。多少友だちに嫌われた体験があってもお母さんは元気に大人になっているから、自分も大丈夫なんだ、と思える一つのきっかけになります。

特に思春期に入ると、問題が簡単に解決できるものだけではなくなってきます。その分だけ、きれいごとや正しい理論で解決しようと思うと、余計に反発があって得策ではありません。親も一人の人間として、きれいごと抜きで向き合う姿勢を見せるよう心がけてみましょう。

せっかく買った服を着ようとしない

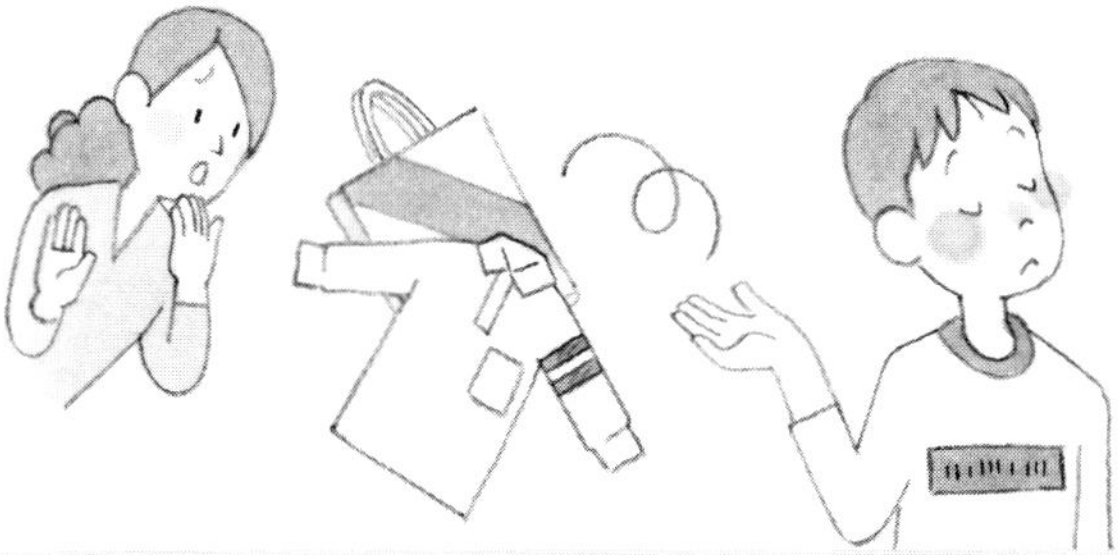

あれだけ欲しがっていた服なのに、一度袖を通しただけでポイ！

他の子と同じような流行している服を着たがる。

これも、125ページで述べたとおり、シグニフィカント・アザーズが、親から友だちに移ったことによって表れるしぐさです。この時期の子は、「友だちに受け入れられていること」が非常に大事です。特にファッションや流行に関しては、親に認められることにあまり価値を置かなくなります。友だちに認められないと意味がないのです。

着ようとしなくなった理由はさ

まざまでしょうが、「友だちにダサイと言われた」というのは、かなりよくあることです。はっきりとは言われなくても、気に入って着ていったのに、友だちの「ウケ」が今一つよくなかったのかもしれません。特に新しい服を着た日は、周りの反応を期待しています。それなのに、誰からも評価されなかったとなると、ショックを受けてしまうのです。

親の対応としては、「じゃあ着なくていいよ」というのでもいいですし、「せっかく買った服なんだから、家族と一緒のときは着てよ」と、親の思いを伝えればいいでしょう。もしくは、「こういうこともあるから、次に服を買うときは考えよう」と伝えても構いません。「物を買う」ことに対しては、家族それぞれの価値観があるので、一概に「こうしてください」というものではありません。あまり極端なことでなければ、その家族の価値観で対応していいでしょう。

幼少期は親からの影響がすべてだったのに、それが他者のほうへ広がっていっているのです。これは健全な発達です。とはいえ、「もったいない」という側面も、ないわけではありません。したがって、「発達を表す健全なしぐさだから」と、素直に受け入れることもないのです。

「服一枚買うのに、働いたお金がかかっていることは、よく考えてね」といったことを伝えるのはいいでしょう。子どもに教えておきたいことは、遠慮する必要はありません。責めたり怒ったりするのではなく、説明するといいと思います。

「ダメでしょ！」と頭ごなしに叱ったり、ましてや、自分の意思を持ったこの時期の子に、無理やり着せたりするのはおすすめできません。いかに子どもが理解できるように説明するか――それが大切です。

説明するためには、大人は冷静にならないといけません。感情的にならず、「理解はするけど、こういうことも考えてほしい」という趣旨で、親の気持ちを伝えるといいでしょう。

こうしてみましょう

せっかく
買ったんだから
ママとの
デートのときは
着てよね

責めたり叱ったりせず、「家族と一緒のときは着てよね」「お金がかかっていること、忘れないでね」など、親の思いを「説明」しましょう。

特にファッションや流行は、親ではなく友だちに認められたい年頃。家族の価値観で対応を。

あとがき

1995年に、『子どもの心がしぐさでわかる本』(PHP研究所)を上梓しました。学術書、専門書ではなく、一般の読者の方々に読んでいただく本の執筆は初めてのことでした。しかも、私も4歳の息子の子育て真っ最中。当時のあとがきを見ると、「理論と実践とは別物だわ」と感じることもあったと書いています。

しかし、同時にそのとき書かれていたのは、やはり子どもの発達を知っておいて助かった、という気持ちでした。生後から4歳までのいろいろなハプニングを乗り越えることができた、目に見えない子どもの心の成長を理解でき、楽しむことができたことの実感でした。

自分の子育てを振り返っても、他のお子さんの発達に仕事上関わってきた上でも、子育ての奥深さ、人が育っていくことへの感動、子どもと紡ぐ生活の楽しさなどを感じることができたのは、子どもの心に関心を持ち、発達の特徴を知っていたからこそでした。

親はとかく、身長、体重、歯並び、走る速さ、字が書ける時期、覚えた数、そして、成績など、目に見える変化に心を奪われがちです。そして、〝よそさま〟の子どもと比べがちです。

しかし、子育ては競争ではありません。子ども同士の競争でないのはもちろん、子どもの成績や成長の姿で、親の優劣が決まるものでもありません。

楽しい、悲しいなどの感情が備わったか、ほかの人の気持ちがわかるようになったか、悪いことをしたら罪悪感を覚えるようになっているか、知らないことを学ぶ喜びを感じているかなど、心の発達が大切です。

見過ごしてしまいがちな子どもの「心」に、できるだけ寄り添ってあげられるよう、「しぐさ」を手がかりにしてみてください。

この本を手にとってくださった皆さんに、少しでも役立つ内容になりましたら幸いです。

渡辺弥生

【著者紹介】

渡辺弥生（わたなべ・やよい）

大阪府生まれ。筑波大学大学院博士課程心理学研究科で学んだ後、筑波大学、静岡大学、途中ハーバード大学およびカリフォルニア大学サンタバーバラ校客員研究員を経て、現在、法政大学文学部心理学科教授。同大学大学院ライフスキル教育研究所所長兼務。教育学博士。専門は発達心理学、発達臨床心理学、学校心理学など。社会性や道徳性の発達、いじめなど対人関係における問題行動の予防や対応について、研究および実践をしている。

著書に『親子のためのソーシャルスキル』（サイエンス社）、『子どもの「10歳の壁」とは何か？』(光文社新書)、『中1ギャップを乗り越える方法』（宝島社）、編著書に『子どもの感情表現ワークブック』(明石書店)、『発達心理学（シリーズ心理学と仕事）』（北大路書房）などがある。

絵で見てわかる 「しぐさ」で子どもの心がわかる本

2019年4月17日　第1版第1刷発行
2020年4月 7 日　第1版第2刷発行

著　者　渡辺弥生
発行者　櫛原吉男
発行所　株式会社PHP研究所
京都本部　〒601-8411　京都市南区西九条北ノ内町11
〔内容のお問い合わせは〕教育出版部 ☎075-681-8732
〔購入のお問い合わせは〕普及グループ ☎075-681-8554
印刷所　凸版印刷株式会社

ISBN978-4-569-84453-4